AUMENTE A CAPACIDADE DA SUA MEMÓRIA

MANEIRAS DE MEMORIZAR COM MAIS FACILIDADE

"Muitos reclamam de sua memória, poucos de seu julgamento."

Benjamin Franklin (1706-1790)

PENSAMENTO EFICAZ

AUMENTE A CAPACIDADE DA SUA MEMÓRIA

MANEIRAS DE MEMORIZAR COM MAIS FACILIDADE

MICHAEL TIPPER

PubliFolha

Memory Power-Up foi publicado originalmente no Reino Unido
e na Irlanda em 2007 pela Duncan Baird Publishers Ltd.,
Castle House, 6ª andar, 75-76 Wells Street, Londres W1T 3QU

Para minha mãe, este é para você.

Copyright © 2007 Duncan Baird Publishers
Copyright de texto © 2007 Michael Tipper
Copyright de arte © 2007 Duncan Baird Publishers
Copyright © 2010 Publifolha - Divisão de Publicações da Empresa Folha da Manhã S.A.

Todos os direitos reservados. Nenhuma parte desta obra pode ser reproduzida, arquivada ou transmitida de nenhuma forma ou por nenhum meio, sem a permissão expressa e por escrito da Publifolha – Divisão de Publicações da Empresa Folha da Manhã S.A.

Proibida a comercialização fora do território brasileiro.

COORDENAÇÃO DO PROJETO: PUBLIFOLHA
Editora-assistente: Paula Marconi de Lima
Coordenadora de produção gráfica: Soraia Pauli Scarpa
Produtora gráfica: Mariana Metidieri

PRODUÇÃO EDITORIAL: ESTÚDIO SABIÁ
Edição: Bruno Rodrigues
Tradução: Dafne Melo
Preparação de texto: Hebe Ester Lucas
Revisão: Rosamaria G. Affonso, Leticia Carniello e Ceci Meira
Editoração eletrônica: Pólen Editorial

EDIÇÃO ORIGINAL: DUNCAN BAIRD PUBLISHERS
Editora-chefe: Caroline Ball
Editora: Daphne Razazan
Editora-assistente: Kirty Topiwala
Diretora de arte: Clare Thorpe
Ilustrações: Bonnie Dain, Lilla Rogers Studio e 3+Co.
Capa: Gemma Robinson

Dados Internacionais de Catalogação na Publicação (CIP)
(Câmara Brasileira do Livro, SP, Brasil)

Tipper, Michael
 Aumente a capacidade da sua memória : maneiras de memorizar
com mais facilidade / Michael Tipper ; [tradução Dafne Melo] ; –
São Paulo : Publifolha, 2010 – (Série pensamento eficaz).

 Título original: Memory power-up : 101 ways to instant recall.
 ISBN 978-85-7914-183-6

 1. Memória - Treinamento 2. Mnemônica I. O'Brien, Dominic. II. Título.

10-03360 CDD-153.14

Índices para catálogo sistemático:
1. Memória : Treinamento : Técnicas : Psicologia 153.14

A grafia deste livro segue as regras do Novo Acordo Ortográfico da Língua Portuguesa.

PUBLIFOLHA
Divisão de Publicações do Grupo Folha
Al. Barão de Limeira, 401, 6ª andar
CEP 01202-900, São Paulo, SP
Tel.: (11) 3224-2186/2187/2197
www.publifolha.com.br

Este livro foi impresso em abril de 2010 pela Corprint Gráfica em papel offset 90 g/m².

SUMÁRIO

Prefácio	8
Introdução	9
1 AQUECIMENTO	12
Por que esquecemos?	14
É a idade?	16
O sistema de memorização	17
O cérebro e a memória	20
Imaginação, associação e memória	24
Sucesso certo	30
2 ALONGAMENTO	34
Lide com o estresse	36
Exercite-se	38
Boa alimentação, boa memória	40
Macetes	42
Onde eu deixei...?	44
Isso me lembra...	46

3 GRANDES TÉCNICAS — 50

Lembrar nomes — método social — 52
Lembrar fatos — a magia dos mnemônicos — 56
Soletrar — 62
Senhas — 64
Direções — 66
Listas simples — 70
Tenho que lembrar-me de... — 74
Compre usando o alfabeto — 78
Lembre-se do que ouviu — 82
Resgate o passado — 84

INTERLÚDIO — 86

4 EXERCÍCIOS DE CAMPEÕES — 90

Lembrar-se de nomes e fisionomias — método mnemônico — 92
Números longos — 96
Técnica da jornada — 102
Datas e compromissos — 106

Aprender algo novo	**110**
Vocabulário estrangeiro	**114**
Discursos e piadas	**116**
Mapa da Mente®	**120**
Lembre-se do que leu	**124**
5 DICAS DE CAMPEÃO	128
O grande sistema	**130**
Aprenda com o campeão	**133**
Memorizar cartas	**136**
Listas específicas	**138**
Índice	**140**
Leitura complementar	**144**
Agradecimentos	**144**

PREFÁCIO

O ditado "quem não sabe fazer ensina" certamente não se aplica a Michael Tipper. O autor deste livro não foi para mim apenas um grande rival no Campeonato Mundial de Memória, mas também é um experiente professor de técnicas de aprendizagem rápida.

Neste livro esclarecedor, técnicas de memorização com eficiência comprovada são explicadas de maneira fácil pelo especialista. Mas Michael é mais que um especialista. É ganhador do cobiçado título de Grande Mestre da Memória, além de ser medalhista de prata do Mundial.

Michael treinou sua memória para competir com os grandes por um ótimo motivo: mostrar que qualquer um pode aproveitar dicas simples para melhorar o funcionamento da mente, a fim de obter sucesso na sua área – algo em que também acredito.

Michael faz isso de maneira simples e convincente, explicando a forma mais eficaz de usar as técnicas – seu verdadeiro talento. Mais de 65 mil pessoas já utilizaram esses métodos e mais de um milhão de crianças foram beneficiadas com seus programas educacionais. Portanto, sinto-me honrado em recomendar este livro a qualquer um que queira melhorar sua capacidade de memorização – para utilizar em casa, no trabalho ou na escola.

Dominic O'Brien
Oito vezes campeão mundial de memória

INTRODUÇÃO

Muitas pessoas acreditam que têm péssima memória. Se você está com este livro em mãos, é provável que pense isso. Sei exatamente como essas pessoas se sentem. Há alguns anos, sentia-me assim. Então, comecei a buscar soluções para aquilo que acreditava ser o meu "problema".

Na época, eu tinha apenas 16 anos. Havia entrado para a Marinha Britânica e estava ansioso para aprender. Embora tenha me saído razoavelmente bem na escola, descobri que o ambiente militar possuía uma concepção pedagógica muito diferente. Comecei a ter dificuldades para memorizar tantas informações com rapidez. Presumi que a grande culpada era minha memória e busquei caminhos para melhorá-la. Logo descobri que não havia nada de errado com ela, mas sim que não sabia usá-la.

Achei um anúncio de um curso de técnicas de memorização, fui e aprendi alguns mecanismos simples que me ajudaram a ir bem nas provas. Com minhas novas técnicas, impressionei alguns dos meus superiores e fui selecionado para um treinamento para me tornar oficial. Cursei engenharia e me tornei oficial de elite da Marinha Britânica na área de submarinos.

Meu treinamento naval exigiu muito de mim e testou minhas habilidades de memorização. Eu era um dos melhores alunos, embora alguns de meus colegas fossem mais talentosos e capazes. A única diferença entre nós é que eu tinha melhores estratégias de memorização.

Às vezes, procurava dar dicas a meus companheiros e amigos sobre como poderiam potencializar sua memória e capacidade de aprendizagem. Descobri, então, uma paixão: a de dividir ideias e ajudar as pessoas a se desenvolverem. Na mesma época, entrei para o Campeonato Mundial de Memória. Na segunda tentativa, ganhei a medalha de prata e me tornei um Grande Mestre da Memória.

O sucesso me levou a dar palestras pelo mundo todo. Nos últimos anos, trabalhei com mais de 65 mil pessoas e desenvolvi programas que já foram ensinados a mais de um milhão de usuários.

Pela minha experiência e pelo trabalho que venho fazendo, sei que qualquer um pode desenvolver sua memória apenas entendendo como ela funciona e tendo acesso a conceitos básicos para serem aplicados. Neste livro, procurei abordar as técnicas mais poderosas que já usei.

Decida se necessita deste livro respondendo às afirmativas da página seguinte com "sim", "não" ou "às vezes". Se responder "sim" e "às vezes" mais de cinco vezes, este livro será de boa ajuda. Ainda que ache que deva ter algum problema de memória, saiba que provavelmente você apenas não sabe como usufruir seu potencial porque nunca teve acesso a esse conhecimento.

Este livro fornece técnicas, passo a passo, que irão melhorar não apenas sua memória, mas também seus níveis de concentração e de agilidade mental.

ISTO SE APLICA A VOCÊ?

- Tenho dificuldade de lembrar o nome de pessoas que acabei de conhecer.
- Tenho dificuldade de lembrar o nome de pessoas que conheci há mais de duas semanas.
- Frequentemente entro em um lugar para pegar algo e não lembro o que era.
- Frequentemente esqueço onde deixei minha chave/óculos/bolsa.
- Certa vez, estacionei o carro e depois não conseguia encontrá-lo.
- Perco compromissos com regularidade porque esqueço que os marquei.
- Sou conhecido por esquecer o aniversário de amigos e parentes.
- Não consigo lembrar a senha do meu cartão.
- Perdi meu celular e tive de ligar para a operadora porque não me lembrava do número.
- Às vezes, vou falar com alguém, ou com um grupo de pessoas, e esqueço o que pretendia dizer.
- Passo horas lendo todo tipo de material e depois lembro muito pouco do que li.
- Acho que, conforme passam os anos, minha memória tem piorado.
- Sempre me pego dizendo frases como "sempre me esqueço" e/ou "minha memória é péssima".
- Quase chego a ponto de saber que vou esquecer-me de algo que tenho de lembrar.
- Quero aprender coisas novas, mas acho que minha memória não aguenta.

CAPÍTULO 1

AQUECIMENTO

Por que esquecemos? 14
É a idade? 16
O sistema de memorização 17
O cérebro e a memória 20
Imaginação, associação e memória 24
Sucesso certo 30

Você irá desenvolver uma grande capacidade de armazenar informação apenas seguindo as técnicas deste livro. Mas, antes de encarar esse desafio, é necessário entender alguns dos motivos pelos quais a memória parece não atender às demandas. Neste capítulo, serão fornecidas as técnicas básicas para melhorar a memória.

Você conhecerá a causa do esquecimento e saberá que a idade pouco tem a ver com isso. Entenderá como o cérebro armazena e descarta informações e quais são os princípios básicos de uma boa capacidade de memorização. Por fim, verá um plano de cinco passos que dará início à sua jornada em busca de uma memória melhor.

POR QUE ESQUECEMOS?

Antes de saber como melhorar a memória, vejamos por que esquecemos. Os fatores associados à nossa capacidade de recordar estão relacionados ao tipo de informação que costumamos receber, ao nosso estado mental e físico – tanto no momento em que a informação chega como quando a acessamos – e a alguns processos cerebrais naturais.

RAZÕES COMUNS

Há vários motivos para esquecimentos, que podem afetar a todos nos momentos mais diversos:

- **Falta de interesse** – se algo não desperta interesse, é improvável que prestemos atenção. O resultado é que não entendemos nem aprendemos o que foi passado, e aí não conseguimos lembrar.
- **Falta de concentração** – está ligada à falta de interesse. Se algo não captura sua atenção, é mais difícil concentrar-se. Pensar em outra coisa é garantia de que a nova informação não será fixada, quanto mais memorizada.
- **Estresse** – estar estressado é o pior estado para quem quer acessar a memória. A dificuldade de aprender e recordar aumenta muito.
- **Muita informação** – se há muito o que memorizar, é provável sentir-se sobrecarregado e estressado, o que dificulta o aprendizado.

- **Informação desorganizada** – é bem mais difícil decorar dados que estão desorganizados do que quando estão logicamente dispostos.
- **Falta de relação** – como veremos mais adiante, o cérebro lembra-se de muitas coisas por associação. Se a relação entre os dados não são muito claras (como um nome e um rosto), a lembrança é mais difícil. Se não usamos a informação assimilada, não estabelecemos relações com o que já sabemos, criando falta de conexão entre os dados.
- **Tempo** – quanto mais tempo passa, maior é a dificuldade de acessar a informação.
- **Interferência** – com tanta informação que nos chega a todo momento, é possível que o novo dado recebido interfira em algo que já estava na cabeça, comprometendo a memorização de ambas as informações.

Felizmente, com alguns ajustes na maneira como pensamos, podemos minimizar esses problemas, que são as causas mais comuns para a nossa memória falhar.

"O prazer é uma flor que passa; a lembrança, o duradouro perfume."

Jean de Boufflers (1738-1815)

É A IDADE?

Conforme algumas pessoas vão ficando mais velhas, começam a sentir sua memória desafiada. Logo pensam que estão perdendo seu potencial à medida que a idade avança. Entretanto, a menos que se esteja sofrendo de uma doença, a memória não fica mais fraca com o tempo.

SUA MEMÓRIA NÃO PRECISA PIORAR

Estudos com pessoas acima de 60 anos mostram que a idade avançada tem pouco ou nada a ver com a perda da capacidade de memorização – apenas demonstram que elas talvez precisem de um pouco mais de tempo para lembrar. O declínio da memória que muitos esperam acontecer está ligado a uma combinação de fatores:

- Pessoas mais velhas não têm sua memória tão exigida quanto antes.
- O cérebro não está sendo tão oxigenado, provavelmente devido à falta de exercícios.
- Essas pessoas acham que estão "esquecidas" por conta de um ou dois deslizes e acabam reforçando para si mesmas a ideia de que têm memória fraca.
- Frequentemente elas se esquecem de coisas que não estão mais em seu cotidiano, e então culpam a memória, quando na verdade é apenas falta de concentração.

Esses fatores podem ser revertidos por mudanças no estilo de vida e na maneira de raciocinar, para manter a memória sempre afiada.

O SISTEMA DE MEMORIZAÇÃO

Se a memória está deixando a desejar, pode ser que as informações não estejam sendo organizadas da melhor maneira, o que dificulta o acesso a elas. É uma simples questão de sintonizar melhor sua mente.

VOCÊ PENSA COMO UM ARQUIVO

Imagine que sua memória é um grande arquivo virtual. Por exemplo, em uma reunião de trabalho você é apresentado a alguém chamado Marcelo Pereira. A fisionomia e o nome dele são armazenados em um arquivo chamado **"Marcelo Pereira na reunião de trabalho"**.

Futuramente, quando vir o rosto de Marcelo, sua mente irá até o arquivo onde também estará o nome dele. Aí está a informação de que aquele rosto pertence a alguém chamado Marcelo Pereira.

VER A FISIONOMIA > ARQUIVO MENTAL > LEMBRAR O NOME

Ou você pode ouvir o nome da pessoa e na sua mente ir buscar a sua fisionomia.

ESCUTAR O NOME > ARQUIVO MENTAL > LEMBRAR A FISIONOMIA

EXERCÍCIO 1

Leia as duas palavras no topo da próxima página, atentando para o que você pensa e quanto tempo leva para formular esses pensamentos.

HILLARY CLINTON

A maioria das pessoas que faz esse exercício vê instantaneamente a imagem da política norte-americana na cabeça. Pode ser uma imagem do rosto em uma de suas aparições na TV ou minifilmes de seus discursos. Ou uma foto dela ao lado do marido em alguma capa de revista.

A imagem que vem primeiro à mente depende das associações que cada um faz em particular. Não importa o tipo de imagem que vem à tona, porque, a despeito do grau de familiaridade, este exercício demonstra como é poderosa a capacidade de resgatar informações.

Em um instante é possível ir diretamente a uma informação correta. Em meio a milhões de dados armazenados no cérebro, a escolha foi rápida e certeira. É uma capacidade incrível e da qual você deve se orgulhar.

EXERCÍCIO 2
Faça uma variação do exercício 1. Ligue o rádio e escute algumas notícias. Note como as imagens vão surgindo rapidamente na sua mente, sejam pessoas, lugares ou objetos citados pelo radialista. Preste atenção na velocidade com que essas informações aparecem. Mais uma vez, esse exercício deve ser visto como exemplo da força da memória.

EXERCÍCIO 3

Repita o exercício 1 com um colega e compare as imagens que vieram à mente de cada um, notando como são específicas as imagens que foram resgatadas.

PODER DA ASSOCIAÇÃO

O processo pelo qual é possível acessar imagens de pessoas, objetos e lugares quando ouvimos um nome é chamado de associação. É por meio dele que se chega ao arquivo certo onde está a informação que se busca.

A mente organiza as associações em uma combinação de via dupla. Primeiro, ela dispõe as informações em corrente – uma coisa nos remete a outra que, por sua vez, remete a outra e assim por diante. Depois, agrupa os dados sob uma série de "ganchos" – um conceito tem uma série de associações vinculadas a uma ideia original.

Ao entender esse mecanismo, é possível fazer sua mente trabalhar de maneira mais efetiva, a fim de que seu cérebro funcione com mais associações que ajudam a ativar a memória. Você verá que sua capacidade de invocar associações é maior do que pensava.

"Todos têm uma memória fotográfica. Alguns apenas não têm filme."

Anônimo

O CÉREBRO E A MEMÓRIA

Tudo o que acontece no corpo é controlado pelo cérebro. A cada segundo, milhares de estímulos químicos e elétricos ocorrem na substância cinzenta. Quando descobrimos como o cérebro funciona, conseguimos entender melhor como se dá o processo de memorização.

UNIDADE DO PENSAMENTO

O cérebro é feito de bilhões de células chamadas neurônios, e cada um deles possui a capacidade de se conectar a outros neurônios. A complexidade e o número dessas conexões dão ao cérebro seu potencial quase infinito. Cada pensamento, cada sensação e cada lembrança que vêm à mente representam conexões entre os neurônios.

Corte transversal do cérebro

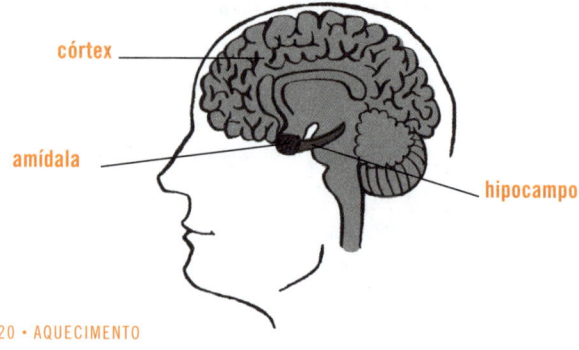

PEÇAS GRANDES

É impossível explicar em poucas palavras o funcionamento de um órgão tão complexo e cheio de interconexões como o cérebro. Mas há alguns elementos importantes quando o assunto é memória.

A **amídala** seleciona informações que têm valor emocional. Quanto maior for a carga emocional de uma experiência, maior será a possibilidade de lembrança posteriormente.

O **hipocampo** é responsável pela transferência de lembranças de médio prazo para aquelas de longo prazo. É a parte do cérebro ativada quando pensamos em alguém ou algum lugar que conhecemos bem (algo que iremos aproveitar posteriormente).

O **córtex** consiste em duas partes iguais e é conhecido como o segmento inteligente do cérebro, pois é o local onde se processam os pensamentos. Pesquisas feitas há 40 anos identificaram funções diferentes para cada lado. Pensava-se que as diferenças entre elas eram as seguintes:

LADO ESQUERDO	LADO DIREITO
listas, frases, lógica, palavras, números, ordem	ritmo, cores, noção espacial, imagens, imaginação, fantasia

Hoje se sabe que a relação entre as duas metades do córtex é bem mais complexa. A teoria atual é a de que o lado esquerdo processa informações de forma mais serial e, o direito, de maneira mais paralela. Em outras palavras, pesquisas mostraram que o lado esquerdo do cérebro capta os detalhes, enquanto o lado direito percebe o quadro geral.

Métodos tradicionais de aprendizagem e memorização se focam no lado esquerdo do cérebro. Hoje está comprovado que quanto mais usarmos de forma equilibrada os dois lados do cérebro, melhor a capacidade de raciocínio e de lembrança.

FREQUÊNCIAS DIFERENTES

Dependendo do estado da consciência, do sono profundo ao bem acordado, o cérebro desempenha suas atividades – estímulos e impulsos – em frequências diferentes.

As frequências beta (β) são as mais altas e predominam quando se está acordado. As frequências alfa (α) são mais comuns quando se está relaxado, mas desperto. Conforme o cérebro entra em um estado mais meditativo, já quase dormindo, a frequência predominante é teta (θ). Finalmente, quando se cai no sono, é a vez das ondas delta (δ).

O aprendizado é mais eficiente no estado alfa, quando estamos calmos e relaxados. Felizmente, somos capazes de acessar esse estado por meio da meditação e de técnicas de relaxamento.

O QUE AFETA O CÉREBRO AFETARÁ A MEMÓRIA

Como um instrumento delicado e precisamente afinado, o cérebro pode ser afetado por uma série de fatores ligados aos nossos hábitos. Excesso de cafeína, nicotina e álcool podem prejudicar o equilíbrio químico, o que prejudica seu desempenho. A alimentação também pode afetar a mente, e uma dieta saudável e balanceada ajuda a manter o bom funcionamento do cérebro. Recomenda-se consumir alimentos que ajudam a ativar a memória, particularmente folhas verdes e frutas cítricas e vermelhas, ricas em antioxidantes.

O OXIGÊNIO E O CÉREBRO

Sem oxigênio suficiente, o cérebro (e depois a pessoa) morre. A importância desse gás é tal que, apesar de o cérebro corresponder a apenas 2% do peso corporal, ele consome 25% do oxigênio que absorvemos. Isso quer dizer que respirar corretamente é importante para manter esse órgão bem oxigenado. Por isso, fazer exercícios físicos é tão importante.

DORMIR É PRECISO

Um sono de qualidade não é apenas importante para manter o bom funcionamento do cérebro, mas essencial para o processo de aprendizado e memorização. Inúmeras pesquisas mostram que as pessoas ficam com a memória mais afiada depois de uma boa noite de sono. Acredita-se que, quando dormimos, o cérebro revisita experiências recentes para reforçá-las e gravá-las na memória. Contrariamente à crença popular, aprender não é somente para quem está acordado.

"Memória... é o diário que todos carregamos conosco."

Oscar Wilde (1854-1900)

IMAGINAÇÃO, ASSOCIAÇÃO E MEMÓRIA

O seu cérebro é como um computador poderoso que, infelizmente, não vem com manual de instruções. Para aprender a usá-lo, é preciso tentar e errar para, aos poucos, achar o melhor caminho. Há maneiras de aumentar as habilidades que a mente possui de memorizar.

OBTENHA MAIS FAZENDO MENOS
É um senso comum equivocado a ideia de que, quanto mais alguém se empenha na aprendizagem de algo, maior é a possibilidade de lembrar tudo depois. Felizmente, isso não é verdade, pois a mente não funciona dessa forma. Quando nos dedicamos a aprender algo, é mais provável que nos recordemos de informações do início e do fim da aula, e alguns tópicos do que se viu no meio.

Isso é chamado de Efeito Primário e Recente. Quanto maior for o período de tempo do estudo, maior é o tempo do qual só nos lembramos de tópicos, ou seja, a parte do meio. O segredo é fazer mais pausas para aumentar o número de começos e fins das sessões de trabalho. Uma boa regra é estudar por 20 a 50 minutos e, depois, fazer uma pausa de 5 a 10 minutos. Assim, não apenas você se lembra mais, como se cansa menos.

O SEGREDO DE UMA MEMÓRIA PODEROSA
Há três estágios simples para potencializar a memória. Eis o segredo de como recordar-se do que quiser, por quanto tempo quiser:

> ## OS TRÊS ESTÁGIOS
> **Use sua imaginação** para tornar aquilo que quer lembrar algo incrível na sua mente, **associe** o que quer memorizar com algo de que já tenha conhecimento adquirido e **condicione essa lembrança** – pratique mentalmente até ter certeza de que a informação se consolidou.

COMO USAR A IMAGINAÇÃO

Pense na última vez em que andou em uma rua cheia de pedestres. Alguém em particular se destacou? É muito provável que tenha passado por centenas de pessoas, mas não pode se lembrar de quase nenhuma. Entretanto, se uma mulher de 2 metros de altura com um casaco amarelo, chapéu vermelho com plumas azuis e botas de couro pretas passasse na rua cantando o hino nacional em cima de um elefante rosa, será que você se lembraria dela? Claro que sim, pois essa imagem teria se destacado de todas as outras.

Mas nem tudo na vida é tão único e chamativo assim. Entretanto, com o poder da imaginação, é possível fazer qualquer coisa tornar-se memorável.

Aqui estão algumas formas de tornar algo inesquecível:
- Pense em fotografias e símbolos até mesmo para objetos do cotidiano.
- Use muitas cores vibrantes e chamativas.

"A imaginação é mais poderosa do que o conhecimento."

Albert Einstein (1879-1955)

- Faça pequenas coisas se tornarem gigantescas.
- Faça o que era grande se tornar pequeno.
- Crie imagens com movimento.
- Use todos os seus sentidos.
- Seja ousado e construa imagens impactantes.
- Use associações bizarras e incomuns.
- Seja engraçado – um toque de humor pode tornar algo inesquecível.

O jeito mais fácil de descrever esse processo em uma frase é: transforme tudo em um desenho de Tom e Jerry! Não se preocupe, você não precisará se tornar um animador – apenas deixe a imaginação livre. Você se surpreenderá com o que vai aparecer na sua mente.

ASSOCIAÇÃO – O SEGREDO

Vimos antes que o cérebro é uma máquina que trabalha com mecanismos associativos que organizam as informações em nossa cabeça. Há duas maneiras pelas quais isso ocorre. A primeira é por uma sequência ou cadeia de associações – uma coisa remete a outra e assim por diante. Por exemplo:

ÁRVORE > PARQUE > CAMINHAR > PÉ > SAPATOS > CADARÇO

Outra maneira é por um leque de associações ou ganchos. Uma ideia ou conceito possui uma série de palavras relacionadas, como no exemplo a seguir:

Ao criar associações fortes entre itens que não quer esquecer, com múltiplos ganchos, você será capaz de lembrar coisas com muito mais eficácia, especialmente se otimizar essas ligações usando a imaginação conforme descrevi.

ORGANIZE SUAS ASSOCIAÇÕES

Criar cadeias associativas sólidas só será útil se você for capaz de acessá-las conscientemente sempre que precisar. É necessário organizar seu sistema de armazenamento de informações para que seja simples encontrar qualquer arquivo requisitado. O melhor jeito de fazer isso é dar a cada arquivo um nome. Existem muitos métodos que mostraremos aqui. Como vimos com o "exercício da Hillary Clinton", tendemos a pensar em imagens em vez de números ou palavras. (Embora tenhamos sido condicionados por dois milênios a pensar por palavras, a inclinação natural do ser humano, levando-se em conta a era antes da invenção da escrita, é pensar por meio de imagens, sensações e sentimentos.)

RECORDAR POR MAIS TEMPO

Muitas pessoas reclamam que não conseguem recordar-se de fatos e informações do passado recente e acreditam que possuem memória fraca. O que elas não sabem é que isso é completamente normal, pois um ou dois dias após absorver uma informação é provável que se retenha apenas 20% do total. O motivo dessas "perdas" é a semelhança dos novos dados com outros já existentes no cérebro, tornando difícil distingui-los e organizá-los. Esse é o conhecido fator **confusão**. Portanto, esquecer informações recentes não tem a ver com problemas de memória, mas sim com o processo de aquisição desse novo dado, que não foi efetivo e apropriado, para que *sempre* se possa resgatar o que se quer.

ENSAIE

Se você precisa se lembrar de algo importante, pratique o ato de buscar isso na sua memória depois de 10 minutos, um dia, uma semana, um mês, três meses, seis meses. Depois disso, esse dado estará na sua memória de longa duração, e sempre conseguirá lembrar-se dele, pois se condicionou a isso.

EM PARTES

Pense nesta piada infantil: "Como se faz para comer um elefante?". Resposta: "Com uma mordida de cada vez". O mesmo princípio se aplica quando o assunto é recordar. Dividir o todo em partes torna a memorização mais simples.

Neste livro, veremos maneiras específicas e poderosas de usar a imaginação e a associação para organizar os arquivos que existem na mente, tornando mais fácil achar o que precisamos.

PRINCÍPIOS BÁSICOS

Aqui estão os princípios gerais que se aplicam a tudo o que você irá aprender neste livro sobre melhorar sua memória.

* * * * *

Trabalhe por 20-50 minutos e então faça um intervalo de 5-10 minutos.

* * *

Use sua imaginação para criar imagens fortes e memoráveis que permaneçam em sua mente.

* * *

Crie cadeias associativas sólidas.

* * *

Organize as associações usando alguns dos vários métodos apresentados neste livro.

* * *

Treine sua memória, lembrando o que aprendeu para consolidar a informação na memória de longa duração.

* * *

Divida as partes do todo para facilitar a memorização.

"Eu tenho uma grande memória para esquecer."

Robert Louis Stevenson (1850-1894)

SUCESSO CERTO

Pessoas que realizaram feitos notáveis nas suas áreas geralmente apresentam alguns elementos em comum que as ajudaram a obter sucesso. Adotar esses padrões mentais é importante para ser bem-sucedido, seja o objetivo escalar uma montanha, arrumar um emprego ou apenas melhorar a memória.

CINCO PASSOS PARA O SUCESSO
Passo 1 – Ter um objetivo

É a etapa mais importante, pois, se você não tem um alvo bem delimitado, nunca saberá o que fazer para acertá-lo. A meta deve ser fácil de ser entendida, mensurável, ter um prazo e ser sistematizada em um texto. Isso é importante para dar mais concretude ao objetivo.

Aqui temos dois exemplos de objetivos escritos:
- Quero melhorar minha memória.
- Quero lembrar-me de forma rápida o nome e sobrenome das 15 pessoas novas que conhecer em reuniões de trabalho ou sociais no próximo mês e ser capaz de recordar os nomes quando voltar a encontrar-me com elas.

O primeiro exemplo é vago, sem definições que permitam avaliar se a meta foi alcançada, e também não estabelece prazo ou período de tempo. Já a segunda é melhor justamente por apresentar esses elementos.

Passo 2 – Ter um plano

Tendo definido seu objetivo, será necessário elaborar um plano. Um jeito simples é fazer uma lista de tudo o que precisa para atingir a meta e colocar em etapas. Continuando com o segundo exemplo da página anterior, o plano deve ficar assim:

- Ler capítulo sobre lembrar nomes.
- Praticar sozinho.
- Ensinar o método à minha família para ter certeza de que o entendi e absorvi.
- Praticar com meus amigos.
- Experimentar a técnica com as próximas pessoas que conhecer.

Passo 3 – Acreditar em si próprio

Quando você crê que não é capaz de realizar algo, isso afeta seriamente o desempenho. Há duas maneiras simples de provar a si mesmo que sim, você é capaz.

A primeira é a velha técnica de falar consigo mesmo (também conhecida como afirmação), dizendo para si frases que atestem suas qualidades e capacidade. Muitas pessoas fazem afirmações negativas como:

"Tenho memória fraca."
ou
"Não consigo lembrar-me disso."
ou
"Isso é muito difícil de aprender."

Frases como essas ajudam apenas a reforçar a crença de que se tem uma memória ruim e que não há nada a fazer. Experimente, em vez disso, dizer:

"Minha memória é ótima."
e
"Sempre me lembro dos nomes das pessoas."
e
"Aprender e memorizar coisas novas é fácil e divertido."

Quanto mais repetir essas frases, mais crescerá a autoconfiança. Outra maneira de aumentar a confiança é usar a imaginação e criar pequenos filmes na sua mente usando a memória de maneira bem-sucedida. Veja, sinta e ouça essas situações em que você tem exatamente a capacidade que deseja. Essa técnica – conhecida como "ensaio mental" – é usada por muitos esportistas para se concentrar para um grande jogo ou competição.

Passo 4 – Ação
Coloque as mãos na massa executando as instruções do passo 2. Comece a colocar seu plano em prática até que consiga atingir a meta. Conforme for avançando, verifique a lista regularmente para saber se está no caminho certo. Se não, faça ajustes na sua lista, readequando as necessidades a fim de chegar ao objetivo mais rapidamente. O segredo do passo 4 é não desanimar e agir até que a meta seja alcançada.

Passo 5 – Atitude positiva

A vida tem o hábito de colocar coisas em nosso caminho conforme avançamos rumo aos objetivos. Mas sempre se pode escolher como responder aos desafios. Deixar que emoções negativas tomem conta quando as coisas não saem como planejadas somente traz estresse, o que afeta o bem-estar. Quando o assunto é potencializar a memória, pensamentos negativos são uma barreira importante para superar. Manter uma atitude positiva perante a vida e responder às adversidades com jogo de cintura não afastam os problemas, mas certamente ajudam a ter mais calma e frieza para resolvê-los.

Para ajudar a jornada desse programa de cinco etapas, aqui vão alguns exercícios:

- Pense em todos os objetivos que você tem em relação à sua memória e escreva-os para dar mais concretude às suas metas e torná-las mais claras.
- Escolha o objetivo mais importante e estabeleça um plano específico para ele.
- Escreva em uma cartolina cinco frases afirmativas e repita-as para si mesmo sempre que puder.
- Visualize a si próprio atingindo sua meta, com o uso da imaginação e de todos os seus sentidos – sinta como se o que desejasse já tivesse ocorrido.
- Comece a trabalhar no seu plano a partir do primeiro item da lista, com calma e perseverança.

CAPÍTULO 2

ALONGAMENTO

Lide com o estresse 36
Exercite-se 38
Boa alimentação, boa memória 40
Macetes 42
Onde eu deixei...? 44
Isso me lembra... 46

Antes das técnicas para potencializar a memória, há algumas providências que você pode tomar em relação ao seu estilo de vida que por si só já ajudam bastante o cérebro nessa tarefa.

Este capítulo aborda o maior desafio que existe na vida da maioria das pessoas – lidar com o estresse. Veremos como é possível beneficiar a memória por meio de exercícios físicos e da alimentação, com uma lista de alimentos que têm essa propriedade. E apresentaremos algumas dicas bem práticas que ajudam a aumentar a capacidade de memorização.

LIDE COM O ESTRESSE

O estresse afeta negativamente o raciocínio e em particular a memória. Minimizando seus efeitos, é possível criar bem-estar físico e mental, o que permite ao cérebro funcionar da melhor forma.

COMO O ESTRESSE AFETA A MEMÓRIA?

Conforme o ser humano foi se desenvolvendo, seu organismo criou um eficiente instinto de autoproteção e sobrevivência que é acionado em momentos de ameaça ou perigo. É o mecanismo de bater ou correr.

Quando em apuros, podemos enfrentar a ameaça (bater) ou fugir (correr). Seja qual for a escolha, o organismo aumenta o ritmo da respiração, produz mais adrenalina, tensiona os músculos e diminui as atividades das quais não necessita naquele momento.

Hoje, raramente é necessário bater ou correr. Entretanto, somos constantemente bombardeados com preocupações e desafios pessoais e profissionais que podem ser interpretados como ameaças. O corpo reage como se de fato fossem, o que cria o estresse.

Ele afeta a memória de duas maneiras. Em primeiro lugar, desliga a parte do cérebro responsável pela memória de longa duração, o que explica por que é difícil lembrar-se de algo quando estamos sob pressão. Segundo, se as substâncias químicas produzidas pelo estresse ficam no cérebro por muito tempo, alguns neurônios são intoxicados, em especial os ligados à memória.

APRENDA A RELAXAR

Para controlar o estresse e ativar a memória, é preciso aprender a relaxar. Experimente alguns dos exercícios abaixo e veja qual funciona melhor para você. Faça-os em um lugar tranquilo, onde não será incomodado.

* * * * *

Tensione e depois relaxe cada músculo do corpo, um de cada vez. Comece com os do rosto e vá descendo até os pés.

* * *

Use a imaginação e se veja em um lugar tranquilo, como uma praia deserta ou um campo isolado, e sinta o estresse indo embora do corpo.

* * *

Diminua o ritmo da respiração e conte o número de inspirações e expirações em um minuto. No próximo minuto, tente diminuir esse número para a metade. Repita até obter um ritmo profundo e lento.

* * *

Una duas técnicas. Primeiro, relaxe os músculos do corpo, tensionando e soltando. Depois, concentre-se em contar a respiração.

"O mundo se rende à mente que está calma."

Lao Tzu (século 6º a.C.)

EXERCITE-SE

Um corpo são ajuda a manter a mente sã. Uma boa sessão de exercícios alivia a cabeça e aumenta o bem-estar. Como ajudam a oxigenar o cérebro, eles melhoram a capacidade de memorização e por isso devem fazer parte do seu planejamento.

COMBATE AO ESTRESSE
Fazer exercícios físicos regularmente combate o estresse em duas frentes: primeiro, defende o cérebro de substâncias químicas que são ativadas em situações de estresse. Segundo, torna corpo e mente mais resistentes à fadiga e, assim, possibilita que lidem melhor com o estresse.

O EXERCÍCIO CERTO
Os exercícios do tipo aeróbico são os indicados para combater o estresse e ativar a memória. Com a ajuda de um médico, saiba qual é o batimento cardíaco ideal que deve ser mantido durante o exercício. Dedique 30 minutos a essa atividade, com 10 minutos de aquecimento antes e 10 de alongamento depois. Pratique pelo menos três vezes por semana – o ideal é cinco vezes.

Caminhar rapidamente é um bom exercício aeróbico. Outras atividades desse tipo são nadar, correr, dançar e andar de bicicleta.

O QUE EXERCÍCIOS E MEMÓRIA TÊM A VER?

Os exercícios do tipo aeróbico são bons para o coração, vasos sanguíneos e pulmões. Eles ajudam a oxigenar o cérebro e a relaxar, aumentando a capacidade de memorização. Os exercícios fazem com que o corpo precise de mais oxigênio – como resultado, coração e pulmões precisam trabalhar com mais intensidade. A respiração ofegante leva mais oxigênio para dentro do organismo, o que aumenta o batimento cardíaco. O sangue torna-se mais rico em oxigênio, e de 20% a 40% desse sangue passa pelo cérebro, que captura parte do gás, melhorando seu funcionamento.

> **REALMENTE FUNCIONA!**
>
> Pesquisas recentes sobre o efeito dos exercícios no envelhecimento mostram que a atividade física melhora o desempenho cerebral e ajuda a memória. Outras pesquisas afirmam que 80% dos estudantes que obtêm melhor desempenho se exercitam pelo menos três vezes por semana e que o índice de repetência dos que não se exercitam é maior do que o daqueles que praticam alguma atividade.

COMECE DEVAGAR

Antes de começar sua rotina de exercícios, consulte um médico e descubra quais são os mais adequados para a sua condição física. Comece devagar, não tenha pressa. Aos poucos, faça os exercícios durante 30 minutos três vezes por semana. Experimente diferentes exercícios e se dedique àquele do qual gostar mais, para garantir a animação. Pode ser proveitoso arrumar um companheiro de exercício para manter-se motivado.

BOA ALIMENTAÇÃO, BOA MEMÓRIA

O desempenho mental e a memória são afetados por aquilo que consumimos. Por isso, escolher os alimentos certos é de grande ajuda.

O BÁSICO
Para nutrir sua memória, a dieta alimentar deve ser saudável e balanceada: pouco sal, pouco açúcar, pouca gordura e muita fibra. Inclua pelo menos cinco porções de frutas e verduras bem frescas por dia.

Também é importante manter o corpo hidratado, pois quase 80% do cérebro é formado por água e, se esse nível cai muito, a atividade cerebral é prejudicada.

COMER MELHOR
Aqui estão boas dicas para garantir um cardápio bom para a memória:
- Anote tudo o que comer e beber durante uma semana em um caderno.
- Consulte um médico ou nutricionista para saber se algo deve ser modificado na sua dieta.
- Consuma alimentos ricos em água, como verduras e frutas. Beba pelo menos oito copos de água por dia.
- Consuma as versões integrais de alimentos ricos em carboidratos, como arroz, massas, pão, cereais e aveia.
- Reduza a quantidade de sal e açúcar, cujos teores podem ser muito altos em comidas industrializadas e *junk food* – leia os rótulos com cuidado.

BOM PARA A MEMÓRIA

Há alimentos ricos em antioxidantes, vitaminas do complexo B e ômega-3 (ácidos graxos) que são especialmente benéficos.

ANTIOXIDANTES	VITAMINAS B	ÔMEGA-3
Broto de alfafa	Laticínios	Salmão
Frutas vermelhas	Carnes magras e aves	Sardinha
Brócolis	Legumes	Truta
Frutas cítricas	Nozes e sementes	Manjuba
Uvas	Germe de trigo	Cavala
Couve		Atum (o fresco possui uma concentração mais alta que o enlatado)
Manga e mamão		
Espinafre		
Tomate		

SUPLEMENTOS

O *Ginkgo biloba* tem sido usado pelos chineses para muitas finalidades. Estudos mostram que o extrato dessa planta estimula a circulação de sangue no cérebro, melhorando a memória de curta duração.

Já o ginseng ajuda a neutralizar os efeitos negativos dos radicais livres e do excesso de toxicidade no cérebro, causados pelo estresse.

MACETES

Conforme for lendo este livro, você irá desenvolver a capacidade de ativar a memória, tornando-a forte apenas com o poder da mente. Mas, enquanto essa capacidade é aumentada gradualmente, não deixe de usar macetes que o ajudarão a armazenar informações.

LEMBRETES

Há uma série de maneiras pelas quais podemos armazenar dados de forma a poder resgatá-los quando precisamos. Também é possível fazer uma programação para lembrar-se de algo em um momento específico. Aqui vão alguns macetes:

- Programe seu telefone celular – use o alarme para lembrar-se de fazer algo em um horário específico.
- Use a geladeira como um quadro de avisos. Escreva sua lista de coisas por fazer em um papel e coloque na porta da geladeira para que a veja sempre.
- Reflita sobre o seu dia escrevendo um diário. Registre os acontecimentos principais e como se sente em relação a eles. Esse registro deve ser privado, para que sentimentos e pensamentos sejam expostos de maneira honesta. Ler o diário alguns meses ou anos depois ajudará a lembrar-se de coisas do passado e trazer memórias a elas associadas.
- Use um calendário – anote aniversários e outras datas em que deve comprar cartões e presentes.

- Use recursos de lembretes do computador – se você o utiliza diariamente, aproveite o software adequado ou cole um post-it para lembrar-se de algo importante.
- Solicite o auxílio das crianças – se você tem filhos, peça que não deixem que esqueça algo. Ofereça a eles algum prêmio pela lembrança na hora certa.

Pode parecer que usar esses métodos é trapacear, pois não se está contando com a memória natural. Mas a habilidade de lembrar alguma coisa cresce muito quando trazemos a informação para o mundo concreto, em vez de ficar apenas na mente. Quando escrevemos algo ou digitamos no computador, a ideia é reforçada, tornando-a mais acessível.

Experimente usar algumas dessas sugestões no seu dia a dia para não se esquecer de algo. Se preferir, utilize outros métodos que conheça.

"A tinta mais fraca é melhor do que a melhor memória."

Provérbio chinês

ONDE EU DEIXEI...?

Muitas pessoas, quando vão ficando mais velhas, acreditam que a memória começa a piorar, pois esquecem constantemente onde colocaram as chaves e a bolsa ou até onde estacionaram o carro! Assumem que uma memória falha é responsável por esses lapsos, mas a verdade é que a idade quase nunca tem a ver com isso. Uma simples técnica pode ajudar você a nunca mais esquecer onde colocou as chaves.

CONSCIENTE E SUBCONSCIENTE
Nossa mente opera nestes dois níveis básicos: consciência e subconsciência.

A parte consciente, por exemplo, está ocupada em ler este texto nesta página. Essa é a parte com a qual pensamos conscientemente sobre o mundo ao redor.

O subconsciente lida com todo o resto que não é captado pelo consciente e possui maior capacidade de armazenamento. Neste momento, ele pode estar processando as sensações físicas experimentadas pelo seu pé esquerdo, das quais você não tinha conhecimento consciente até sua atenção ser voltada para ele.

O subconsciente é tão poderoso que possibilita que alguém aja com o "piloto automático" ligado, de modo que nem precisa pensar muito no que está fazendo, particularmente se é uma atividade regular, como tirar os óculos ou colocar as chaves em algum lugar.

POR QUE "ESQUECEMOS" AS CHAVES

A razão pela qual não sabemos onde colocamos objetos é simples. Você não estava pensando no objeto de forma consciente quando o guardou ou deixou em algum lugar, pois sua mente operava no "piloto automático". Não estava concentrado naquilo que fazia, de modo que não adianta muito recorrer ao consciente para resgatar essa lembrança.

Isso irá acontecer com mais frequência conforme se fica mais velho, não porque a memória se deteriora, mas porque, quanto mais tempo de vida tem, mais lembranças e associações a pessoa possui e mais difícil é se concentrar em atividades tão corriqueiras.

A SOLUÇÃO É SIMPLES

Para conseguir lembrar-se de onde deixou alguma coisa, seja a carteira, seja o carro, é necessário fazer a informação passar do subconsciente para o consciente. A melhor forma de fazer isso é dizer em voz alta o que se está guardando e onde. Por exemplo, "estou colocando as chaves em cima da escrivaninha" ou "deixei meu carro em frente à padaria" – diga isso dentro do carro, se quiser evitar olhares curiosos de outros motoristas...

Pratique o método, dizendo em voz alta essas informações, até que se torne um hábito.

ISSO ME LEMBRA...

Se você planeja dizer algo importante para um amigo ou precisa fazer uma tarefa específica no trabalho e se esquece, isso pode ser bastante frustrante. Você precisa de uma maneira infalível de não deixar essas obrigações caírem no esquecimento.

POR QUE NOS ESQUECEMOS DE FAZER ALGO

Há três razões principais por que isso ocorre:
- Quando alguém se recorda de que tem de fazer algo, muitas vezes essa ideia apenas passa rapidamente no consciente, ou seja, não se pensa nela tempo suficiente para que ela reapareça no momento certo.
- Boa parte dos lapsos de memória ocorre quando se está fazendo algo corriqueiro, como passar tempo com os amigos ou no caminho para o trabalho. Nessas horas, ligamos o "piloto automático" e a ideia nova não encontra as condições ideais para fixar-se.
- Não foi criado um mecanismo de resgate apropriado dessa lembrança para que ela viesse à tona na hora certa.

Não seria ótimo se a solução para esse problema fosse um *outdoor* chamativo com luzes e música que aparecesse magicamente no momento certo com um aviso do que se tem de fazer? Embora não seja possível fazer isso para se lembrar de cada coisa, é possível criar algo equivalente na mente. Primeiro, porém, é preciso entender de âncoras e gatilhos.

ÂNCORAS, GATILHOS E CÃES SALIVANTES

Em um famoso experimento criado pelo cientista russo Ivan Pavlov no início do último século, cachorros eram condicionados a associar o soar de um sino com o ato de comer. Quando se dá comida aos cães, eles salivam assim que veem o alimento. O que Pavlov descobriu é que os cachorros podiam começar a salivar sem que a comida já tivesse sido colocada, apenas ouvindo o som do sino. Estava **ancorado** firmemente na mente dos animais o vínculo entre o soar do sino e alimentar-se. É o chamado condicionamento. Quando eles ouviam o sino, era detonado um **gatilho** que ativava o ato de salivar, mesmo quando não havia comida.

Gatilhos e âncoras também funcionam com seres humanos, pois ao longo dos anos fomos condicionados a responder de determinada maneira a certos estímulos. Por exemplo: se, ao dirigir, alguém vê o sinal vermelho, a resposta será frear. Se formos apresentados a alguém e a pessoa esticar sua mão para cumprimentar, automaticamente esticamos a nossa para apertar a mão, sem pensar duas vezes.

GATILHO	COMPORTAMENTO ANCORADO
Sinal vermelho	Parar o carro
Oferecer um aperto de mãos	Cumprimentar

APLIQUE O CONHECIMENTO

Como é possível aplicar esse conhecimento para lembrar-se de que há algo a fazer em hora e local determinados? É simples. Basta criar um lembrete visual que está ancorado na sua memória e que irá detonar o gatilho que remete ao compromisso.

CRIAR LEMBRETES PODEROSOS

Imagine que irá viajar em duas semanas e precisa perguntar a um amigo, na próxima vez que o encontrar, se ele pode levar você ao aeroporto. Para isso, basta seguir o seguinte roteiro:

Reveja na mente o que tem de fazer e crie um filme em que realiza a ação no momento certo. Visualizar a ação cria a expectativa de atingir o objetivo. Nesse caso, imagine-se perguntando ao seu amigo se ele pode levar você ao aeroporto.

Exagere uma imagem do evento, que é o gatilho (encontrar o amigo), e combine isso com algo relacionado ao que deve fazer. Você pode imaginar esse amigo sentado em cima de um avião que se move como um touro mecânico. Quanto mais bizarra for a imagem, melhor. Essa é a resposta ancorada.

Maximize o poder de resgatar essa imagem usando todos os sentidos e os princípios da memorização por visualização descritos nas páginas 25-26.

Estabeleça uma relação forte entre sua resposta ancorada e o gatilho, repetindo a associação mentalmente diversas vezes, para que sempre que pensar no seu amigo, a imagem dele sentado em cima do avião apareça.

Verifique se o gatilho funciona. Pense em outra coisa por alguns minutos e volte a pensar no seu amigo. Se a primeira coisa que vier à cabeça for a imagem criada, o gatilho está funcionando. Do contrário, reforce a associação até lembrar ou crie outra imagem mais poderosa.

Repita para si mesmo que esse processo irá funcionar e que se lembrará do que precisa porque confia que seu subconsciente irá responder ao encontro do gatilho (seu amigo).

Na próxima vez que vir o amigo, certamente o gatilho será acionado e você o visualizará sentado em um avião, o que está associado à pergunta que precisa fazer a ele. Pronto, você criou seu *outdoor* mental!

EXPERIMENTE
- Para praticar esse processo, pense em alguém que gostaria de ler este livro e crie um lembrete para contar a essa pessoa o que aprendeu.
- Use esse mecanismo para memorizar algo que deve fazer no trabalho ou em casa.
- Para se convencer de como os gatilhos podem ser poderosos e duradouros, escute uma canção do seu tempo de adolescente e veja as lembranças que irão surgir.

CAPÍTULO 3

GRANDES TÉCNICAS

Lembrar nomes – método social 52

Lembrar fatos – a magia dos mnemônicos 56

Soletrar 62

Senhas 64

Direções 66

Listas simples 70

Tenho que lembrar-me de... 74

Compre usando o alfabeto 78

Lembre-se do que ouviu 82

Resgate o passado 84

Agora você irá aprender uma série de estratégias básicas e fáceis para memorizar e lembrar coisas, de caminhos à forma de soletrar uma palavra.

Se você já esqueceu o nome de alguém após ter sido apresentado há dois minutos, existe uma boa razão para isso. Este capítulo irá ensinar a lidar com essa situação, bem como a decorar todas as suas senhas. Também veremos como não deixar ir embora aquela ótima ideia que nos vem à mente nos momentos mais inoportunos. Você aprenderá como fazer suas compras sem nenhuma lista e não se esquecer de levar nada para casa.

LEMBRAR NOMES – MÉTODO SOCIAL

Um dos problemas mais comuns entre as pessoas que atribuem a si mesmas uma memória ruim é a dificuldade de guardar nomes. Na maioria dos casos, o problema está apenas em um processo ineficaz de memorizar essa informação.

POR QUE LEMBRAR NOMES SE TORNA UM PROBLEMA?
Se lhe pedissem para recordar-se de algo que nunca lhe informaram, você provavelmente pensaria que a pessoa é louca. Como é possível ter na ponta da língua algo que nunca se soube? Embora pareça besteira, essa é a razão pela qual as pessoas não se lembram de nomes: elas sequer os registram.

Para alguns, conhecer pessoas novas pode ser estressante. Em algumas dessas situações, há toda a pressão para causar uma boa primeira impressão, além de a cabeça estar ocupada com outras coisas (como uma fala que deve ser feita) e, então, o encontro com diversas pessoas pela primeira vez, ao mesmo tempo, pode se tornar um pesadelo.

O SEGREDO
Para lembrar-se de como as pessoas se chamam é necessário criar uma maneira de controlar essas informações e absorver os nomes para tê-los sempre na ponta da língua. A técnica seguinte pode ser usada em situações de trabalho ou sociais.

NOMES – PASSO A PASSO
Passo 1 – Prepare seus sentidos
Quando for apresentado a uma pessoa, você aprenderá algo novo sobre ela, então, é preciso estar pronto para ver bem o rosto e ouvir o nome da pessoa em questão.

Passo 2 – Aperto de mãos
Dirija-se à pessoa com um aperto de mão e a cumprimente. Quando se inicia o contato dessa forma, é possível controlar o processo, o que ajuda a memorização.

Passo 3 – Diga seu nome devagar e claramente
Isso faz que a outra pessoa registre seu nome e também o incentiva a fazer o mesmo.

Passo 4 – Concentre-se
Preste atenção e concentre-se bem quando as novas informações forem dadas. Olhe bem para o rosto da pessoa nesse momento.

Passo 5 – Diga o nome da pessoa
Fale algo como: "Prazer em conhecê-la, Mariana". Ao fazer isso, a informação se fixa melhor na mente.

Passo 6 – Entendeu?
Confirme com a pessoa se pronunciou o nome dela corretamente e, se necessário, peça para que ela soletre. Este é um processo de repetição que fará o nome ficar gravado na mente.

Passo 7 – Pergunte sobre o nome
Se for um nome incomum, pergunte a origem ou quem o escolheu. Assim, você estará continuando o processo de repetição, além de demonstrar interesse pela pessoa. Essa técnica cria uma conexão emocional que ajuda na memorização.

Passo 8 – Mantenha o nome na cabeça
Reveja o nome mentalmente sempre que puder. Olhe para o rosto das pessoas que acabou de conhecer e repita o nome silenciosamente, certificando-se de que decorou.

Passo 9 – Use o nome
Sempre que puder, chame a pessoa pelo nome. "Paulo, o que você pensa sobre isso?" "Concordo com você, Sabrina." "Luiz, você pode me passar esse copo?"

Passo 10 – Troque cartões
Se for oportuno, troque cartões de trabalho na hora de se despedir. O nome será repetido mais uma vez, pois você o lerá ao receber o cartão.

Sem essas técnicas, duas pessoas que se conhecem não vão muito além de um aperto de mão rápido e por isso não conseguem decorar os nomes. Esses métodos são especificamente úteis quando conhecemos três ou mais pessoas de uma vez. Do contrário, é quase impossível lembrar o nome de todos.

PRATIQUE
Com a prática, a parte introdutória desse processo deve levar de 15 a 20 segundos para cada pessoa a quem se é apresentado. Esse tempo é necessário para ouvir o nome, repetir algumas vezes e criar uma conexão com a pessoa, o que ajudará a manter os nomes na ponta da língua.

Conforme a semana for passando, note quantos nomes de pessoas você já conhece. Isso mostrará como sua memória é capaz de decorar nomes. Monitore quantas pessoas você conhece por semana e se consegue lembrar-se dos nomes usando o método antigo.

Antes de começar a usar este plano de dez passos, pratique com amigos e familiares até se sentir confortável com o método e use na próxima oportunidade. Se quiser tornar-se um craque em guardar nomes, vá aumentando o número de pessoas, tentando memorizar o nome de todas elas.

LEMBRAR FATOS – A MAGIA DOS MNEMÔNICOS

É bem provável que você já tenha se esforçado para decorar algo que alguém também tentou e já criou um método para lembrar mais facilmente. Trata-se do método mnemônico, que usa palavras como um lembrete para a memória. Muitas dessas técnicas foram passadas de geração a geração.

PRIMEIRA LETRA

Uma das maneiras mais simples de memorizar uma informação – principalmente quando é uma sequência de dados – é decorar as primeiras letras das palavras que precisa lembrar. Imagine que você precise memorizar as cores do arco-íris. Destacando a primeira letra de cada cor, temos: Vermelho Laranja Amarelo Verde Azul Anil Violeta

Assim, temos: V L A V A A V

Algumas pessoas lembram as cores memorizando "VLAV AAV". Ou pode-se fazer uma sentença como:

Viajei Longe num Avião Veloz para Alemanha, África e Venezuela.

Seja o conjunto das iniciais, seja uma frase, você terá um jeito seguro de memorizar as cores e sua ordem.

Outro exemplo de como essa técnica pode ajudar é com fórmulas matemáticas. Ela pode nos lembrar as razões trigonométricas entre seno, cosseno e tangente em um triângulo retângulo, em relação à hipotenusa e aos catetos.

Seno = Oposto/Hipotenusa
Cosseno = Adjacente/Hipotenusa
Tangente = Oposto/Adjacente

Para lembrar essas fórmulas, podem-se decorar os três grupos de letras: SOH CAH TOA. Ou ainda uma frase como:

Sozinho e Observado o Homem Contou Alto que Havia Tomado Ontem Água.

Milhões de crianças aprenderam quais eram os planetas do sistema solar — Mercúrio, Vênus, Terra, Marte, Júpiter, Saturno, Urano, Netuno e Plutão — por meio da conhecida frase mnemônica:

Minha Velha, Traga Meu Jantar: Sopa, Uvas, Nozes e Pão.

Outro método comum é o usado para decorar os elementos químicos da tabela periódica, como os da família 6A – O, S, Se, Te, Po –, que viram a frase:

OS SeTe Porquinhos

MISCELÂNEA DE MNEMÔNICOS

Às vezes, há maneiras diferentes de se lembrar de uma mesma coisa.
Usemos como exemplo a ordem de classificação dos seres vivos na
biologia: reino – filo – classe – ordem – família – gênero – espécie.

* * * * * *

Pode-se criar um jogo de letras: R FCO FGE.

Ou

usar frases mnemônicas: "Rita Foi Comer Ontem e Faltou Galinha no Espeto"

ou

"Rei Filósofo Classificou de Ordinária a Família do General Espanhol"

ou

"Raio Forte Caiu Ontem Fazendo Grande Estrago".

* * *

Outro exemplo: nas cavernas, há formações rochosas pontiagudas
que saem do solo ou do teto. São as estalagmites e as estalactites,
respectivamente. Como decorar?

**PODE-SE ASSOCIAR A PALAVRA ESTALACTITE, QUE TEM O "C" NO MEIO,
COM A PALAVRA "CÉU".**
Ou seja,
as estalactites são as de cima, onde está o céu.

"Aquele que não é muito bom de memória não deve se meter a mentir."

Michel de Montaigne (1533-1592)

RIMAS E JOGO DE PALAVRAS

Poemas e rimas também são úteis para decorar informações. Um exemplo é a seguinte frase, usada para decorar a fórmula para calcular o seno da soma de dois ângulos: sen (a + b) = sen a.cos b + sen b.cos a:

"Minha terra tem palmeiras, onde canta o sabiá,
seno a – cosseno b, seno b – cosseno a."

A frase usa o ritmo do poema "Canção do Exílio", de Gonçalves Dias. Trocadilhos, jogos de palavras e sentidos também ajudam. Algumas pessoas, por exemplo, para decorar se devem adiantar ou atrasar os relógios no horário de verão, pensam:

No verão, a temperatura aumenta e o horário também.

CRIE OS SEUS MNEMÔNICOS

Quando tiver de memorizar fatos ou informações mais difíceis, use a criatividade e invente seus mnemônicos. Mas, ainda que a técnica da primeira letra seja versátil, use outros métodos.

AS PERGUNTAS CERTAS

Fazer perguntas a si mesmo é uma maneira poderosa de direcionar os pensamentos de uma maneira produtiva. As questões da página seguinte foram elaboradas para estimular sua memória a criar mnemônicos poderosos. Quando precisar aprender algo novo, dê uma lida rápida nessas perguntas – elas poderão gerar muitas ideias.

PERGUNTAS

Primeiras impressões
Existe algo óbvio sobre esse fato?
O que isso me lembra?
Isso se parece com algo ou soa familiar?
Há algum padrão nessas palavras?
Quais são as palavras-chave para resumir os pontos centrais?

* * *

Manipule o fato
É possível dividir essa informação em partes?
Baseado(a) nisso, posso criar algo inusitado e bizarro?
É possível exagerar isso?
É possível pensar em algo colorido ou engraçado?
Posso desenhar algo para representar isso?
Posso abreviar alguma dessas palavras?
Isso rima com alguma coisa?
É possível fazer um poema ou jogo de palavras?

* * *

Compare
Como isso se diferencia de outras informações relacionadas?
Quais as semelhanças com outras informações relacionadas?

* * *

Use diferentes formas de aprender
Como posso fazer isso **parecer** algo fácil de lembrar?
Como posso criar um **som** para isso?
Com base nisso, como pensar em uma **ação**?

VERIFIQUE SUA LEMBRANÇA
Assim que tiver criado uma frase mnemônica para memorizar algo, recorra a um princípio: deixe a informação de lado por um momento. Faça outra coisa para ocupar sua mente por 20 minutos. Então, resgate a informação e prove a si mesmo que ela está fixada na sua mente. Se achar que o mnemônico escolhido não está muito bom e que a informação demora a ser resgatada, trabalhe de novo para criar algo mais forte e teste depois da mesma maneira.

SEJA CRIATIVO
O bom de montar os próprios mnemônicos é que somente o esforço de pensar por um momento naquilo que se deseja lembrar já faz o cérebro sedimentar a informação mais facilmente, ainda que não se consiga fazer uma frase mnemônica muito criativa.

SUA VEZ
Tente criar um mnemônico para lembrar a ordem dos planetas por tamanho, do maior ao menor: Júpiter, Saturno, Urano, Netuno, Terra, Vênus, Marte, Mercúrio.

"Quando era mais jovem, lembrava-me de tudo, tivesse acontecido mesmo ou não."

Mark Twain (1835-1910)

SOLETRAR

Soletrar pode ser um grande desafio para alguns, especialmente em português, pois às vezes escrevemos de uma maneira e pronunciamos de outra. Há também casos de palavras que soam iguais, mas são escritas de forma distinta. Elas confundem a cabeça não apenas dos estrangeiros que aprendem a língua, mas também a dos nativos. Mas há técnicas que ajudam a memorizar a forma correta de escrever cada palavra.

USE A VISÃO

O fato de que alguém não é bom em soletrar não quer dizer que seja menos inteligente do que alguém que saiba. Às vezes, as pessoas apenas não conseguem memorizar direito a ordem das letras. Ou talvez porque dizem a palavra em voz alta para si mesmas e soletram de acordo com os fonemas e não com as letras.

O correto é, em vez de ouvir a palavra, ver a palavra, visualizá-la e então ir soletrando. Como muitas palavras não são escritas exatamente como soam, esse método é mais eficaz.

AS MAIS DIFÍCEIS

Há algumas palavras em especial que causam dificuldade. Há uma técnica que consiste em pensar na sílaba ou letra da palavra que gera a dúvida e imaginar uma frase ou imagem que pode ser associada ao termo, reforçando a forma correta de escrevê-lo. Aqui vão alguns exemplos:

Cesta ou sesta?	A cesta é usada para guardar coisas e tem o formato de uma letra "c" deitada.
Onde ou aonde?	Aonde dá a ideia de movimento e é igual a para onde, que tem dois "as"
Vem ou veem?	Veem é de ver, olhar. Imagine as duas letras "e" como dois olhos.
Sobrancelha ou sombrancelha?	Você já viu alguma sobrancelha fazer sombra?

Esses métodos são bons para crianças em fase de alfabetização ou que estão aprendendo palavras pela primeira vez.

Por que e porque	**Por que** (perguntar, causa) é separado. **Porque** (resposta, consequência) é junto.
Tigela	Meu coração por **ti gela.**

Há outros exemplos bastante comuns de como escrever algumas palavras corretamente. Os melhores, porém, são aqueles inventados pela própria pessoa que apresenta dificuldade, pois se fixarão rapidamente. Procure achar alguma forma de memorizar as seguintes palavras frequentemente escritas de forma errada.

Exceção (e não excessão), **descer e crescer** (e não decer e crecer), **comprimento** (medida) e **cumprimento** (saudação).

Quando quiser soletrar a palavra, visualize-a e escreva em um papel em vez de apenas dizê-la em voz alta.

SENHAS

As senhas pessoais protegem cartões de crédito e débito, mas muitas vezes a proteção é tanta que se vira contra nós mesmos! O que você precisa é memorizar números que são fáceis de lembrar. Funciona sempre e só assim é possível manter a segurança da sua conta bancária.

UM BOM NÚMERO
Nesta primeira técnica de memorização é possível escolher qualquer número para a senha. Não use sequências como 1234, 1111 ou 2222, pois são fáceis de ser adivinhadas. A melhor opção é um número único e que tenha algum sentido para você, mas que não seja muito óbvio. Por exemplo, pode ser a data de aniversário da mãe, o aniversário do primeiro filho ou o dia em que seu time ganhou um título importante.

Abaixo há uma lista de outros recursos que podem ajudar a memorizar sua senha.

- Crie uma imagem que associe o número escolhido ao seu cartão. Se tiver escolhido o aniversário de sua mãe, imagine-a usando seu cartão enquanto veste um chapéu de festa de aniversário, carregando um bolo cheio de velas acesas. Quando for usar o cartão de novo, pense nessa imagem.
- Carregue no seu cartão, colado com um durex, um papel com uma frase sugestiva como "comprar presente de aniversário de casamento para os meus pais". Ao ler essa frase, você certamente se lembrará do número – embora a dica não revele nada a outros.

É possível usar essa técnica para outros números pequenos, como segredos de cadeados ou de portas.

USE O NÚMERO DO CARTÃO

Outro método é elaborar uma senha com base no próprio número do seu cartão. Imagine que ele seja:

4929 4263 7812 3611

Seria pouco seguro usar alguma dessas sequências de quatro números. Mas é possível, por exemplo, usar os quatro primeiros dígitos de cada grupo e somar 1, o que daria o número 5584. Seja qual for o método usado, o importante é que você seja capaz de lembrar os números apenas olhando para seu cartão.

MISTURE E COMBINE

Se você tem apenas um cartão e uma senha para memorizar, use o método que lhe parece mais apropriado. Se possuir mais de um, tente elaborar uma senha para cada um deles, combinando as diferentes técnicas.

DIREÇÕES

Perder-se é algo que todos querem evitar. Pedir indicação de caminho para alguém é uma boa maneira de prevenir isso. Entretanto, mesmo parando e perguntando a direção, boa parte das pessoas ainda se perde porque se esquece do que o outro disse. Lembrar-se das direções pode ser simples, graças a alguns métodos e também à compreensão de como funciona nosso cérebro nessas situações.

PENSAR E COMUNICAR-SE DE OUTRAS MANEIRAS

Dos nossos cinco sentidos, a visão e a audição são os que têm maior impacto na maneira como nos comunicamos e aprendemos, além de evocarem sentimentos, sensações e percepções. Todo mundo usa esses sentidos, mas não da mesma forma, porque dos três, sempre há uma preferência pessoal, que pode determinar a maneira mais efetiva de se aprender alguma coisa.

Quando o assunto é memorizar direções, quem tem a parte visual mais forte preferirá ver um mapa ou instruções escritas. Já os que têm a audição mais aguçada não terão problema em guardar as instruções que alguém lhe der oralmente. As pessoas mais cinestésicas vão preferir ser guiadas por alguém que lhes mostre o caminho.

Os desafios começam quando uma pessoa com determinado estilo de aprendizado tenta explicar um caminho a uma pessoa de outro estilo. Por exemplo: alguém que prefere ver um mapa recebe instruções oralmente. Ainda que entenda o que está sendo dito, vai sentir mais dificuldade em guardar a informação.

Pense no seu estilo de aprendizado. Quando descobrir qual é, ficará mais fácil decorar direções se elas forem dadas da maneira mais conveniente.

Entretanto, quando perguntamos a um desconhecido, na rua, como chegamos a determinado lugar, nem sempre recebemos a informação do jeito que gostaríamos. Portanto, é necessário um método eficaz para lembrar direções que são verbalizadas.

PEDIR AJUDA

Há muitos fatores que atrapalham quando pedimos informação a alguém na rua:

- Geralmente dá-se muita informação, pouco familiar e rapidamente.
- Os homens querem saber as coordenadas relacionadas ao próprio caminho, como cruzamentos e semáforos — e o que fazer em cada um deles. Já as mulheres preferem pontos de referência mais notáveis, como igreja, cinema ou escola. Homens e mulheres normalmente se frustram quando dão direções uns aos outros.
- Pedir informação pode ser estressante, especialmente se já se está perdido ou se sente desconfortável em perguntar o caminho para estranhos na rua. E, se tiver estressado, sua memória não estará funcionando bem.

SEU PRÓPRIO SISTEMA

As orientações para chegar a qualquer lugar consistem basicamente em direções (esquerda, direita, seguir reto), coordenadas do caminho e lugares de referência. Como o caminho pode ser dividido em etapas, o segredo é criar lembretes para cada estágio do percurso. Um recurso é usar o próprio corpo.

Geralmente, qualquer caminho, por mais longo que seja, pode ser dividido em até sete etapas. Use então ouvido, ombro, cotovelo, punho, mão, quadril e coxas. Se precisar, use como referência joelhos, pés etc.

Depois, crie imagens criativas e chamativas para esquerda e direita — talvez um Elefante dourado com chapéu vermelho para Esquerda, e um Dinossauro pink para Direita. Pratique invocando essas imagens para que a associação entre cada imagem e direção se torne instantânea.

PEDIR DIREÇÃO — PASSO A PASSO

O processo seguinte o ajudará a absorver direções e lembrar-se delas, para você nunca mais se perder por aí.

- Quando parar para perguntar, diga que prefere o caminho mais fácil. Dessa forma, fica subentendido que você tem certa dificuldade e que as instruções devem ser bem claras e objetivas.
- Conforme a pessoa descreve o caminho, escute bem os pontos de referência e memorize-os colocando as imagens deles nos pontos do seu corpo antes determinados.

- Repita os pontos de referência para a pessoa e pergunte a ela o que deve fazer em cada um. Assim, se tiver de virar à esquerda, pense no elefante dourado em frente ao lugar de referência.
- Repita em voz alta para si mesmo todo o percurso para ter certeza de que o decorou. Conforme for falando os pontos, lembre as imagens que deverá ver em cada trecho do caminho.

Ao fazer isso, a direção será repetida no cérebro três vezes e a cada vez serão colocados mais detalhes que ajudarão a fixar as informações na mente. Outra vantagem desse método é que ele lhe dará tempo suficiente para memorizar tudo.

RELEMBRAR CAMINHOS

Para recordar um percurso, pense nas imagens que criou e atribuiu a cada parte do seu corpo. Então, por exemplo, ao pensar no ombro você "verá" a imagem de um cruzamento com um dinossauro pink segurando um hambúrguer. Assim, você saberá que quando chegar ao cruzamento é necessário virar à direita e que logo em seguida verá uma lanchonete.

Esse processo é mais trabalhoso de descrever do que de fazer. Ainda que pareça complicado, teste-o. Como qualquer método de memorização, com a prática se torna fácil e automático.

LISTAS SIMPLES

Ao escrever uma lista de tarefas a cumprir, você está ajudando a deixar a memória preguiçosa. Além disso, se perder a lista, pode deixar de fazer algo importante. O que você precisa é de um método fácil e divertido que, além de tudo, vai ajudar a manter sua memória afiada.

O PODER DAS HISTÓRIAS
Antes de os computadores serem inventados, ou até antes da invenção do papel e da caneta, histórias eram criadas para passar, de geração a geração, informações a respeito do folclore e das sociedades e culturas, garantindo a tradição por centenas de anos.

As histórias podem ser extremamente poderosas para ajudar a memorização, pois dão vida a ideias e informações de uma maneira fácil de lembrar. Um bom enredo é envolvente, interessante e divertido, tem um fluxo contínuo e vários elementos que se destacam. Além disso, as histórias evocam respostas emocionais. Tudo isso as torna bastante memoráveis.

COMO CRIAR UMA BOA NARRATIVA
Aqui vão alguns segredos para montar uma história que substituirá a lista no papel:
- Seja objetivo a respeito do que precisa memorizar.
- Aplique as técnicas das páginas 25 e 26 para usar a imaginação. Crie imagens mentais poderosas de cada item da lista.

- Crie associações poderosas para cada imagem, relacionando-as por meio de uma história engraçada, bizarra e interessante. Use todos os seus sentidos e não tenha medo de exagerar e encher de detalhes.
- Revise mentalmente sua história algumas vezes, verificando se o enredo está fluindo bem e se é possível lembrar-se de todos os itens de lista.

Imagine, então, que você precisa lembrar-se da seguinte lista:
- Dar comida para o gato do vizinho
- Comprar o jornal
- Trocar o escapamento do carro
- Devolver os livros na biblioteca
- Marcar uma consulta com o dentista

O primeiro passo é criar uma imagem inicial que remeta à ideia de uma lista de tarefas. É possível usar a imagem de uma caneta e uma agenda ou bloco de anotações (o que seria usado para escrever cada item se você não estivesse tentando memorizar).

O CONTO DO GATO
Baseado no método descrito anteriormente, segue um exemplo de como pode ser a história.

Imagine um bloco de anotações gigante com uma capa vermelha bem brilhante voando magicamente. Abaixo há uma caneta-tinteiro azul rabiscando algo. De repente, as folhas do bloco começam a se mexer como se ventasse muito.

Em seguida, você escuta o som de "miaaaaaaauuu" bem alto e o **gato do vizinho** começa a voar entre as páginas e aterrissa de cabeça em uma tigela amarela com comida que aparece voando também. O gato coloca a cabeça para fora, com comida por cima da cabeça, e pisca um olho para você. Então, debaixo da sua pata, sai a cópia de um **jornal**. O gato então senta e cruza as pernas como se fosse um ser humano. Coloca um par de óculos e começa a leitura. Assim que termina, começa a colocar o jornal no **escapamento** do seu carro. Você entra no carro e liga o motor, que morre de repente e você escuta, então, um enorme estrondo e o jornal, todo enrolado, sai do escapamento em grande velocidade e entra pela janela da **biblioteca**. Ele acerta uma estante cheia de livros que começam a cair. Os livros voam em todas as direções, e as pessoas tentam fugir do lugar, mas antes elas devem deixar que uma **dentista** gigante, usando um vestido de festa roxo e uma lanterna na cabeça, examine seus dentes.

Conte sua história para si mesmo algumas vezes. Espere e tente recontá-la mais uma vez. Para lembrar os itens da lista, pense no bloco vermelho e na caneta, que devem ser o gatilho para que o resto da narrativa volte à mente, bem como os afazeres do dia. Quando estiver acostumado com o método, use-o sempre que precisar lembrar-se de uma lista pequena de coisas.

PRATIQUE
Deixe os "músculos" da sua memória em forma seguindo estes exercícios.

EXERCÍCIO 1
Invente uma história para criar uma relação entre os itens da lista a seguir:

Garrafa de água mineral
Cachorro pequeno
Colar de diamantes
Caneta-tinteiro
Bicicleta

Coloque este livro de lado por 10 minutos e então escreva a lista acima. Verifique suas respostas.

EXERCÍCIO 2
Crie uma história para lembrar a seguinte lista de tarefas:
- Ir ao correio enviar uma carta a um amigo
- Deixar um terno na lavanderia
- Comprar leite
- Tirar dinheiro no caixa eletrônico
- Buscar os sapatos na sapataria do shopping

Deixe este livro por 20 minutos. Depois teste sua memória escrevendo a lista, a partir da história criada. Então, verifique suas respostas.

TENHO QUE LEMBRAR-ME DE...

Alguns lampejos de inspiração vêm à mente justamente quando não podemos escrevê-los no papel – quando estamos dirigindo ou tomando banho, por exemplo. No momento eles parecem óbvios, mas a frustração vem quando queremos lembrar depois e dá um branco. Com uma técnica simples de memorização, é possível lembrar-se sempre das nossas ideias geniais.

SEU PRIMEIRO ARQUIVO

É necessário criar um equivalente à imagem do bloco de notas e caneta que sempre andam com você. Assim, toda vez que algo importante vier à mente em um momento inoportuno, é possível "anotar" a ideia.

Na página 17 explicamos que a mente funciona como um arquivo. Crie então uma série de pastas onde serão guardados seus lampejos de inspiração. Esse é o primeiro mecanismo de memorização que você utilizará à medida que desenvolve uma memória bem afiada.

RIMAS

A maneira mais fácil de organizar um arquivo é numerar as pastas. O primeiro arquivo terá dez pastas. Como pensar em imagens é mais fácil do que em números, crie uma imagem para cada uma dessas pastas. Mas é necessário que as imagens criadas rimem com o som de cada número.

A seguir, listamos as imagens mais comumente usadas. Porém, se uma imagem não surtir muito efeito para você, não hesite em usar outra que tenha mais apelo.

1	Atum
2	Bois (ou Arroz)
3	Chinês
4	Teatro (ou Prato)
5	Brinco

6	Pequinês (ou Inglês)
7	Chiclete
8	Biscoito
9	Chove
10	Picolés (ou Pastéis)

BOAS IMAGENS

O segredo do funcionamento desse sistema é criar imagens bem chamativas para cada um dos números. Coloque toda a criatividade nessas imagens, usando as instruções das páginas 25 e 26. Por exemplo, para o número 8 crie a imagem de um biscoito, mas não um daqueles que você está acostumado a comer. Imagine um que pareça delicioso, com bastante recheio e um formato diferente. Essa imagem deve ser bem real, a ponto de você poder sentir o cheiro do biscoito e ter vontade de comê-lo.

Dedique alguns minutos para criar cada figura. Invente detalhes. Depois, faça outra atividade por 20 minutos e retome o processo. Escreva os números em um pedaço de papel e veja quantas imagens que rimam você consegue lembrar. O objetivo é chegar a um ponto em que assim que pensar na palavra que rima com cada número, a imagem venha instantaneamente à sua cabeça.

COMO USAR O MÉTODO

O seu sistema de arquivamento está pronto para ser usado sempre que não puder contar com papel e caneta. Imagine que durante o banho você tenha uma grande ideia de como resolver um problema. Crie uma figura sugestiva da sua ideia. Associe essa imagem a algum dos números de suas pastas.

Por exemplo, se sua ideia é usar uma ferramenta específica para realizar um trabalho, imagine essa ferramenta exposta à chuva (9) e ficando tão molhada e escorregadia que é impossível pegá-la com as mãos.

Uma vez que fixar essa cena na mente e criar um vínculo com alguma das pastas, essa ideia não se perderá. Para resgatar essa lembrança, pense nas imagens criadas para os números e veja o que aparecerá na sua mente.

SERVE PARA OUTRAS COISAS!

Essa técnica não serve apenas para recordar grandes ideias. Você pode usá-la para memorizar listas ou até palavras aleatórias como no exemplo ao lado: livro, mesa, girafa, camiseta, torta de maçã, mouse pad, telefone, carteira, aparelho de DVD e aspargo.

Quanto mais puder detalhar as associações, usando os princípios de uma visualização eficaz, e realmente conseguir "ver" as imagens criadas, melhor. Volte ao livro 10 minutos depois e veja quantas palavras consegue lembrar apenas resgatando a imagem que rima com o número e verificando quais imagens vêm à mente.

#			
1	Atum	Livro	Imagine um livro cuja capa possui a foto de uma embalagem de atum.
2	Bois	Mesa	Veja um boi em cima da mesa de uma sala.
3	Chinês	Girafa	Visualize um chinês montando uma girafa.
4	Teatro	Camiseta	Imagine uma peça em que os atores são invisíveis e só se veem camisetas flutuando.
5	Brinco	Torta de maçã	Sinta que ao morder a torta você acha um brinco dentro.
6	Pequinês	Mouse pad	Visualize um pequinês mordendo um mouse pad.
7	Chiclete	Telefone	Imagine um telefone dentro de uma enorme bola de chiclete.
8	Biscoito	Carteira	Veja alguém abrindo a carteira e achando um biscoito dentro.
9	Chove	Aparelho de DVD	Visualize o aparelho sob uma tremenda chuva.
10	Picolés	Aspargo	Imagine que no lugar dos palitos de madeira os picolés têm um aspargo.

COMPRE USANDO O ALFABETO

Recorrer a uma lista do que é necessário comprar não só causa problema se ela se perde, mas também desperdiça uma ótima oportunidade de exercitar os músculos da memória. Com o método proposto aqui, nunca mais será necessário ter papel e caneta antes de ir ao supermercado. De quebra, você ainda potencializa sua agilidade mental e a concentração.

A TÉCNICA DA LISTA DE COMPRAS

Olhe essa lista por dois minutos, deixe o livro de lado e verifique quantos itens consegue lembrar.

Pasta de dente	Queijo	Tomates	Carne
Bananas	Pão sírio	Salmão	Pão de hambúrguer
Atum	Morangos	Iogurte	Papel higiênico
Repolho	Hambúrgueres	Cenouras	Arroz
Peras	Xampu	Brócolis	Sabonete
Leite	Pão	Macarrão	
Creme de leite	Biscoito doce	Desodorante	

Ainda que seja possível lembrar alguns dos itens, seria surpreendente conseguir acertar todos – dez acertos já seriam um ótimo resultado. Antes de conhecer a técnica para guardar tudo isso na cabeça, há um primeiro passo útil para aumentar o poder de memorização.

Primeiro passo – organize a lista

Pegue um pedaço de papel e organize a lista em cinco categorias diferentes. Baseie-se na sua própria lista para decidir as categorias. Depois, deixe a lista de lado e vá fazer algo por 10 minutos. Veja então quantos itens consegue lembrar.

Provavelmente você verá que é possível recordar-se de mais elementos do que antes, ao organizar a lista. Esse método consiste em dividir o todo em partes, e apoia-se na habilidade que o cérebro tem de lembrar coisas que se relacionam.

Outro princípio é que, ao imaginar uma maneira de organizar os itens, você pensa neles de uma maneira mais profunda do que se tivesse simplesmente lido a lista. Por isso, há maior probabilidade de lembrar-se dela, pois investiu mais energia nesse esforço.

Aqui vai um exemplo de como organizar a lista:

LIMPEZA E HIGIENE	Xampu, sabonete, pasta de dente, desodorante, papel higiênico
CARBOIDRATOS	Pão, pão sírio, biscoito doce, pão de hambúrguer, macarrão, arroz
FRUTAS E VEGETAIS	Peras, bananas, morangos, brócolis, repolho, cenouras, tomates
CARNES E PEIXES	Carne, hambúrguer, atum, salmão
LATICÍNIOS	Leite, queijo, creme de leite, iogurte

Agora vejamos uma maneira precisa de lembrar-se de toda essa lista.

MÉTODO DO ALFABETO

Na seção anterior, vimos o método das rimas associadas a números. É possível usar esse sistema para guardar sua lista na memória, mas ela não poderia ter mais que dez itens. Da mesma maneira que usamos papéis diferentes para escrever diferentes listas, podemos usar métodos variados para decorar todos os elementos. Vejamos como organizar os arquivos da sua mente usando o alfabeto. Dessa forma, assim que pensar em uma letra, uma imagem deve surgir na sua mente.

Algumas letras irão naturalmente trazer à sua mente determinada figura, enquanto outras exigirão mais tempo. Aqui estão algumas possibilidades.

Abelha	**G**ato	**N**avio	**T**rufa
Bola	**H**elicóptero	**O**rigami	**U**nicórnio
Cavalo	**I**greja	**P**anda	**V**aso
Dinossauro	**J**oia	**Q**ueijo	**X**ícara
Elefante	**L**âmpada	**R**osa	**Z**ebra
Fogo	**M**anga	**S**apo	

Algumas dessas imagens podem não ter muito apelo para você, por isso, não hesite em trocá-las. Uma boa maneira de fixar cada imagem é usar o sistema de busca de imagens em algum site da internet. Vejamos uma maneira simples de memorizá-las.

Recorte 23 pedaços de cartolina e escreva a letra de um lado e o nome da imagem que pensou do outro. Embaralhe as cartas e arrume-as com as letras para cima. Vá letra por letra e verifique quantas imagens consegue recordar. Repita esse exercício até que a imagem venha à mente em menos de um segundo.

SISTEMA DO ALFABETO

É possível usar o método do alfabeto para decorar sua lista. Primeiro veja como organizar os três primeiros itens.

Abelha	Xampu	Imagine uma abelha tomando banho e usando xampu.
Bola	Sabão	Pense em tentar pegar com a mão uma bola ensaboada.
Cavalo	Pasta de dente	Visualize um cavalo escovando os dentes.

Faça o mesmo com o restante da lista, criando associações fortes entre cada item e uma letra. Não tente vincular imagens convenientes, como abelha com mel. Esse sistema funciona ao resgatar a imagem de determinada letra, lembrando então o que foi associado, por isso a relação deve ser inusitada.

LEMBRE-SE DO QUE OUVIU

Se às vezes você luta consigo mesmo para tentar lembrar algo que ouviu em uma conversa, é fácil presumir que sua memória é fraca. Entretanto, o mais provável é que a informação não tenha sido absorvida da maneira adequada ou que você não possua uma boa estratégia para lembrar-se de elementos importantes da conversa.

POR QUE ESQUECEMOS?
Há uma série de fatores que contribuem para deixar escapar da memória algo que escutamos.
- Concentre-se no que está ouvindo. Do contrário, sua mente começará a distrair-se com outras coisas ao redor. Ainda que você esteja olhando para o rosto do seu interlocutor, seu consciente não está absorvendo a conversa direito.
- Se seu método de aprendizagem é mais visual, certamente guardar aquilo que você escuta é mais difícil.
- Se o que está ouvindo é difícil ou complicado, talvez você se sinta muito exigido e se distraia, o que fará sua memória não registrar o que lhe foi dito.

PRATIQUE
Se quiser registrar tudo o que lhe disserem, tente as seguintes táticas:
- Use o método de repetição rápida. É muito simples: repita mentalmente tudo aquilo que está ouvindo. Isso faz a atenção

ficar mais focada naquilo que seu interlocutor está falando e evita que a mente se perca por aí.
- Em intervalos regulares, repita para o seu interlocutor resumidamente o que ele está dizendo.
- Faça perguntas e tire todas as suas dúvidas. Se preciso, peça para a pessoa explicar a mesma coisa de maneiras diferentes.
- Se possível, tome nota das palavras-chave do que está ouvindo.

IDENTIFIQUE PALAVRAS-CHAVE

Desenvolver a habilidade de delimitar os pontos principais pode ser um grande desafio se você tem dificuldade em memorizar aquilo que lhe é dito. Um bom jeito de praticar é escutar notícias no rádio e anotar as palavras-chave das notícias e histórias. Você verá que ficará cada vez mais fácil identificar os pontos centrais de seu interesse.

TÉCNICAS DE MEMORIZAÇÃO

Quando já estiver conseguindo resumir as informações como descrito acima, use um dos sistemas de memorização para gravar o essencial. Crie duas jornadas de 20 estágios (páginas 102-105), que devem ser usadas especificamente para fazer anotações mentais durante uma conversa, palestra ou aula. Quando identificar uma palavra-chave, crie uma imagem poderosa e associe a alguns dos lugares da jornada. Você verá que, se memorizar 20 pontos do que foi dito, outros detalhes começarão a vir à sua mente instantaneamente.

RESGATE O PASSADO

Muitas pessoas gostam de rememorar eventos importantes da sua vida, mas resgatar o passado não é tão simples se existem lapsos nas suas lembranças. É possível, porém, recordar muitas coisas apenas entendendo o mecanismo pelo qual acionamos os gatilhos que nos trazem essas lembranças. O segredo é começar com um elemento do qual se lembra e depois ir trazendo os detalhes à tona, até remontar toda a recordação.

O FIO DA MEADA

Primeiro, é necessário sair de um ponto de partida. Imagine que suas memórias estão guardadas atrás de portas. Às vezes, essas portas são muito fáceis de abrir, mas, por vezes, elas estão bem fechadas com nossas lembranças lá dentro. Tudo o que você precisa é a chave certa, ou seja, algo relacionado com aquilo que quer lembrar.

Uma boa forma de achar a chave é reunir informações sobre a época em que ocorreu o fato em questão. Podem ser fotografias, diários, roupas, brinquedos ou outras lembranças do período. Examine-os cuidadosamente e veja que sensações vêm à tona. Em particular, ao olhar as fotografias, preste atenção nos detalhes para ver se algo mais é resgatado. Atividades como escutar canções e ler jornais e revistas da época podem ajudar a acionar algum gatilho que destranque a porta da sua memória.

FAÇA PERGUNTAS

Se não possuir objetos e itens que sirvam como gatilhos para as recordações, sente-se em um lugar calmo, feche os olhos e relaxe. Volte à época da qual quer lembrar-se e coloque o foco em algo que consegue recordar. O objetivo é experimentar novamente o evento. Faça então estas perguntas para estimular seus sentidos e memória.

- O que eu vejo?
- O que escuto?
- Quais cheiros eu sinto?
- O que minha pele sente?
- Quais sabores sinto?
- Quais sentimentos eu experimento?

DESTRAVANDO MEMÓRIAS

Seja qual for o método usado, você verá que, quando surgirem detalhes, eles serão associados a elementos que levarão a outros. Essas chaves é que irão destrancar as portas, e as memórias fluirão com mais facilidade.

"Os sentidos do olfato e paladar, mais fracos, porém mais duradouros… continuam por muito tempo, como almas, para lembrar."

Marcel Proust (1871-1922)

INTERLÚDIO
O MUNDO MARAVILHOSO DA MEMÓRIA

Se já estiver treinando sua memória com os exercícios deste livro, ela deve estar bem mais afiada. Agora, faça uma pausa e divirta-se com algumas informações sobre o maravilhoso mundo da memória.

UM HOMEM SURPREENDENTE

Pessoas com memória poderosa sempre impressionam. Ao longo dos anos, especialistas em técnicas de memorização têm se tornado referência para suas gerações. No começo do último século, mágicos famosos como Harry Houdini deixaram plateias atônitas com sua capacidade de memorização. Mas foi somente com os shows de Harry Lorayne nos Estados Unidos e Leslie Welch na Inglaterra, na década de 1950, que o ramo começou a ganhar destaque.

Uma das demonstrações favoritas de Harry Lorayne era lembrar o nome de cada pessoa na plateia. Estima-se que durante toda a sua carreira ele decorou o nome de mais de um milhão de pessoas. Hoje, os grandes mestres da memória são pessoas como Kevin Trudeau e o oito vezes campeão mundial de memorização, Dominic O'Brien, que, entre outras façanhas, decorou todas as respostas do Trivial Pursuit, um jogo de perguntas e respostas.

A maioria dessas "estrelas da memorização" treinou usando técnicas que existem há séculos, mas há alguns "gênios" com uma capacidade natural de memorizar. Um exemplo foi Kim Peek, portador da síndrome de Savant. Nascido em 1951, ele começou a ler livros quando tinha apenas 1 ano e 6 meses de idade e leu e memorizou 9 mil obras durante a vida. Ele lia uma página em 8 ou 10 segundos, tempo necessário para guardar a informação no seu "disco rígido" mental. O mais impressionante é que Kim tinha um coeficiente de inteligência (QI) baixo e não conseguia abotoar a camisa ou lidar com tarefas do dia a dia. Exames mostraram que ele possuía anormalidades na estrutura cerebral, mas pouco ainda se sabe sobre essa síndrome e seus impactos na memória.

CAMPEONATOS MUNDIAIS

Na década de 1990, um grupo que estudava técnicas de memorização, liderado por Ted Buzan, realizou uma competição para ver quem tinha a melhor memória. Dessa origem despretensiosa, a competição tornou-se um evento internacional, atraindo competidores e a atenção da mídia de todo o mundo. Muitos países agora fazem seus campeonatos nacionais, à medida que as práticas e técnicas de memorização começam a ser vistas como esporte. A competição é como um decatlo para o cérebro, pois exige mais de dez habilidades ao mesmo tempo, como resistência e velocidade. Os competidores devem memorizar sequências de cartas aleatórias, listas, nomes, números e poemas.

RECORDES MUNDIAIS

O campeonato mundial tem registrado dezenas de recordes que são quebrados ano após ano. Aqui vão algumas das impressionantes marcas que os campeões alcançaram.

- Sequência de cartas de um baralho inteiro (fora de ordem) – 31,16 segundos
- Números de baralhos inteiros memorizados em uma hora – 27 (1.404 cartas)
- Números formados por dígitos aleatórios decorados em 5 minutos – 333
- Números formados aleatoriamente decorados em uma hora – 1.949

Nem todos os recordes são registrados nos campeonatos mundiais. Por exemplo: o número matemático pi (3,14159) tem fascinado as pessoas por séculos. É um número decimal infinito que não repete um padrão e é o "monte Everest" dos memorizadores profissionais. O recorde mundial é do japonês Akira Haraguchi, conselheiro de saúde mental, que decorou 83.431 casas decimais do número.

MEMORIZAR FAZ BEM PARA O CÉREBRO

Alguns desses recordes mundiais podem parecer coisa de outro mundo, mas não se sinta desencorajado. Com as técnicas deste livro e um pouco de prática, você também pode conseguir suas próprias façanhas. Ainda que seu interesse não seja seguir uma carreira profissional, seu cérebro estará bem exercitado se seguir os exercícios listados.

Em 2002, participei de um estudo feito em Londres pelo Instituto de Neurologia, no qual fizeram uma ressonância magnética no cérebro de *experts* em memorização que usam as técnicas descritas neste livro. Não só esses *experts* superaram o grupo de controle, como se descobriu que eles usavam mais áreas do cérebro, em especial no hipocampo, a parte responsável por transformar memória de curto prazo em memória de longo prazo. É também a parte acionada quando pensamos em algo que conhecemos bem. Tudo isso prova que potencializar a memorização é uma ótima forma de potencializar o cérebro!

CAPÍTULO 4

EXERCÍCIOS DE CAMPEÕES

Lembrar-se de nomes e fisionomias – método mnemônico 92

Números longos 96

Técnica da jornada 102

Datas e compromissos 106

Aprender algo novo 110

Vocabulário estrangeiro 114

Discursos e piadas 116

Mapa da Mente® 120

Lembre-se do que leu 124

Agora que você já tem ideias básicas na manga e viu como é fácil melhorar sua capacidade de memorização, é hora de basear-se nessas primeiras coordenadas para ir ainda mais longe.

Este capítulo continua utilizando algumas das técnicas já abordadas e com as quais você está familiarizado, mas agrega a elas outros métodos versáteis.

Nesta parte, você verá como guardar discursos e afastar o "branco", bem como estratégias para lembrar-se do que leu – seja um jornal, seja um artigo, seja um romance. Também veremos maneiras de memorizar vocabulário para quem está aprendendo uma nova língua, e como nunca mais esquecer aquela consulta médica ou reunião. Uma nova técnica, considerada das mais eficazes, será introduzida neste capítulo. Acredite: você será capaz de diversas façanhas depois que aprendê-la.

LEMBRAR-SE DE NOMES E FISIONOMIAS – MÉTODO MNEMÔNICO

A exemplo do método social do capítulo anterior, esta técnica também pode ser usada para guardar nomes. Chamada de mnemônica, ela possibilita unir os dois métodos. Com táticas para associar um nome a uma fisionomia e vice-versa, torna-os inesquecíveis. Está diretamente ligada ao passo 8 do método social descrito nas páginas 52-55.

VOCÊ SE PARECE...

Um dos princípios da memorização é que nos lembramos mais facilmente de informações com as quais conseguimos estabelecer relações de forma automática. Como aplicar essa ideia na hora de conhecer alguém?

Primeiro, encontre algo nessa pessoa que o lembre de algo que, por sua vez, o faz lembrar outra pessoa. Se não aparecer nada em mente, use sua imaginação!

Tente responder (com um pouco de criatividade) se essa pessoa:

- Se parece com alguém que você conhece.
- Se parece com alguém famoso.
- Tem aparência de um policial, advogado, cantor etc.
- Tem alguma característica marcante.
- Tem características que podem ser exageradas, como em uma caricatura.

REFORCE A ASSOCIAÇÃO

Uma vez respondidas algumas das perguntas anteriores e criada uma imagem forte, pense nessa associação ao olhar para a pessoa. Se fizer isso toda vez que vir essa pessoa, a imagem escolhida deve surgir na sua mente instantaneamente, acionada pelo gatilho. Pratique essa técnica assistindo ao noticiário.

Digamos que você tenha conhecido alguém que instantaneamente o fez lembrar-se do ator Antônio Fagundes. Toda vez que você o vir, sua mente estará condicionada a pensar no Antônio Fagundes, pois essa é a imagem ancorada na sua mente.

VER A PESSOA   >   LEMBRAR-SE DO ANTÔNIO FAGUNDES

O NOME

Depois, crie ganchos e associações que ajudem a recordar o nome da pessoa. A melhor maneira de fazer isso é transformar o nome em uma imagem e associá-la à fisionomia. Digamos que a pessoa que você acaba de conhecer se chama Ronaldo Vieira. Para transformar em uma imagem, divida em nome e sobrenome.

Passo 1 – Visualize o primeiro nome

Faça a si mesmo(a) estas perguntas – pode ser que não tenha resposta para todas. Coloque seu foco apenas naquelas para as quais tiver respostas instantâneas e precisas.

- Eu conheço outra pessoa chamada Ronaldo?
- Existe outra pessoa com esse nome (alguém famoso, por exemplo)?

- "Ronaldo" traz alguma imagem automaticamente?
- "Ronaldo" tem algum significado que posso transformar em uma imagem?
- Posso dividir o nome em partes que podem remeter a outras coisas?

Imagine que a imagem que vem à sua mente é a do jogador de futebol Ronaldo "Fenômeno". Então, você pode criar uma imagem que relacione o ator Antônio Fagundes – que a pessoa em questão faz lembrar – com o jogador de futebol, de quem a pessoa é homônima.

VER A PESSOA > LEMBRAR-SE DO ANTÔNIO FAGUNDES > LEMBRAR-SE DO RONALDO "FENÔMENO"

Passo 2 – Visualize o segundo nome
Faça as mesmas perguntas em relação ao sobrenome.
- Eu conheço outra pessoa com o sobrenome Vieira?
- Existe outra pessoa com esse sobrenome (talvez famosa)?
- "Vieira" traz alguma imagem automaticamente?
- "Vieira" tem algum significado que posso transformar em uma imagem? (Você pode imaginar o fruto do mar com este nome.)
- Posso dividir o nome em partes que podem remeter a outras coisas?

Passo 3 – Vincule nome e sobrenome
Use a imagem de uma vieira para o sobrenome. Agora é necessário criar uma associação forte e exagerada entre a imagem do jogador Ronaldo e o fruto do mar.

VER PESSOA > LEMBRAR-SE > LEMBRAR-SE > VIEIRAS > RONALDO
             DO ANTÔNIO   DO RONALDO   VIEIRA
             FAGUNDES   "FENÔMENO"

Sua imagem pode ser algo assim: ao ver a pessoa que acabou de conhecer, você pensa na hora no Antônio Fagundes, o que o faz pensar no Ronaldo jogando uma bola de futebol em direção ao ator. Ao som de uma barulhenta banda de fanfarra, Antônio Fagundes senta-se em cima da bola e começa a comer vieiras. Experimente essa técnica com algumas pessoas e veja se entendeu bem o processo.

ASSOCIAR NOMES E FISIONOMIAS

Observação é a habilidade-chave para memorizar qualquer coisa. Uma maneira de lembrar nomes é vincular a eles alguma característica da fisionomia da pessoa, como nos exemplos abaixo.

Joana Moreira

Cabelo curto no estilo "joãozinho" lembra o feminino de João

Pele morena remete às quatro primeiras letras do sobrenome

Contardo Cardoso

Ele é careca, palavra cujas três primeiras letras são as que iniciam seu sobrenome

Imagine cifrões nos óculos e associe isso à palavra "conta", que é a primeira metade do nome.

NÚMEROS LONGOS

Infelizmente nem todos os números são curtos como a senha de quatro dígitos do cartão. Números mais longos, como os de telefone, contas de banco e documentos de identificação podem ser difíceis de decorar. Esta seção mostra formas de decorar números mais complicados.

POR QUE É DIFÍCIL DECORAR?

Muitas pessoas têm dificuldade com números e, se você é uma delas, não está sozinho. Boa parte dessas pessoas não gosta de números, pois teve uma má experiência com matemática na escola. Outro motivo é que o cérebro prefere pensar em termos de imagens, sensações e ideias – e ainda que os números possam fazer parte disso, quando sozinhos, eles podem causar mais confusão.

As pessoas também encontram dificuldade com números porque, conforme alguns estudos já comprovaram, há um limite de dígitos que se pode decorar na memória de curto prazo – entre 5 e 12. Isso ocorre porque esse tipo de memória tem um limite de tempo – o suficiente para receber um número de telefone e usá-lo.

Vejamos, então, como conseguir decorar números grandes e transferi-los da memória de curto prazo para a de longo prazo. Depois, tentaremos técnicas mais sofisticadas.

DECOMPONHA

Na página 28, expliquei que um dos princípios da memorização é decompor o todo em partes. Esse mesmo princípio se aplica aos números. Vejamos um exemplo:

9074365218

Entretanto, quando dividimos esse mesmo número em partes menores, ele já parece ficar mais simples:

907   436   5218

Por isso é que muitas pessoas colocam espaços entre os números de um telefone, o que facilita o entendimento e a memorização.

Agora que o número foi decomposto, há diversas técnicas pelas quais é possível decorá-lo. Uma é transformar os grupos de números em palavras e imagens.

VOCÊ JÁ VIU ISSO

Você já deve ter notado que nos telefones há um conjunto de letras abaixo. Algumas empresas até usam essa técnica para divulgar seus números. Uma loja de móveis, por exemplo, pode colocar o número: 3322-MESA. Seria muito mais fácil de decorar do que 3322-6372, pois a palavra mesa remete a uma imagem que se associa à loja e por isso é decorada mais facilmente.

O TECLADO

Usando essa técnica, é possível transformar 2668-3772 em:

26683772
CONVERSA

Quais palavras é possível formar a partir desses números?

2652   342   8776   5882   4726   238   264

O único problema com essa técnica é que às vezes não é possível criar palavras com sentido a partir do número dado. Por exemplo, 244 653 2668 dá algo como BIG MLE AMOV e outras variações sem sentido. Além disso, não há letras para os números 0 e 1, portanto, para qualquer sequência que tenha alguns desses dígitos, é melhor usar outra técnica.

NÚMEROS = LETRAS

Se o sistema do teclado não permite criar imagens e palavras interessantes, use o sistema em que cada número é substituído por uma palavra com o número de letras correspondente.
Por exemplo: 1663:

O Menino Bonito Tem ou A Modelo Bonita Foi

O bom desse sistema é que é possível escolher palavras apropriadas para a pessoa ou empresa a quem o número pertence. Se, por exemplo, parte do telefone do seu cabeleireiro tem os dígitos 1633, você pode criar a frase "A escova bem boa".

Usando esse método, faça frases criativas com os seguintes números:
- 3396 – Médico
- 7219 – Cinema
- 2754 – Encanador
- 1335 – Escola
- 2856 – Salão de beleza

O SISTEMA DO FORMATO

No capítulo 3, vimos como criar um método de memorização usando palavras que rimam com os números de 1 a 10. Agora, veremos uma técnica baseada em imagens de objetos que têm um formato parecido com o dos próprios números. Esse sistema também inclui uma imagem para o zero.

Decore as imagens (página ao lado) da mesma maneira como fez com o método da rima (ver páginas 74-77). Encha as imagens de detalhes para que a memorização se torne mais fácil. Depois, dedique uns 20 minutos a outra atividade e então teste sua memória escrevendo os números e a imagem correspondente. Veja quantas conseguiu lembrar e com que facilidade. Pratique até a associação se tornar automática.

Quando as associações estiverem bem consolidadas, use-as para memorizar qualquer número, longo ou não, vinculando cada imagem a um cenário criativo. Por exemplo, o número 8167 pode ser representado por um boneco de neve bem grande (8) com um enorme taco de beisebol (1) azul nas mãos, golpeando um elefante (6) que foge subindo em um poste de luz (7).

Experimente usar esse método das imagens e formatos com os números: 287, 435, 9815, 03461.

TRÊS TÉCNICAS

Agora você já tem três técnicas distintas para transformar números em algo mais memorável. Por isso, quando deparar com números de telefone como 4013-9682, bastará decompor em partes menores e aplicar algumas das técnicas aqui expostas. Experimente transformar o número citado.

NÚMEROS E FORMAS

0 = Bola de tênis

1 = Taco de beisebol

2 = Cisne

3 = Par de algemas

4 = Barco a vela

5 = Gancho

6 = Tromba de elefante

7 = Poste de luz

8 = Boneco de neve

9 = Balão com fio

10 = Faca e prato

TÉCNICA DA JORNADA

Uma das mais antigas, esta técnica também é das mais versáteis, podendo ser aplicada em vários casos. Em minha opinião, é a estratégia mental mais poderosa, além de ser fácil de usar.

HISTÓRIA
Em duas das civilizações mais importantes do mundo ocidental, a romana e a grega, ser um bom orador era sinal de poder político e capacidade de influência. A habilidade de fazer longos discursos de memória era algo bastante admirado, até mesmo reverenciado. O segredo era a técnica da jornada.

Até hoje esse método é usado: se você vir na televisão alguém fazendo um discurso incrível, é provável que esteja usando essa técnica. No Campeonato Mundial de Memória, os melhores competidores certamente o usaram – eu usei!

COMO FUNCIONA?
O princípio dessa estratégia é simples e ela é fácil de aplicar porque se baseia em lugares com os quais você já está familiarizado. Cria-se uma jornada em que você se transporta para um lugar que conhece bem, escolhendo pontos e detalhes que devem ser mostrados. Esses lugares são usados como arquivos, onde é colocado aquilo que você deve lembrar.

Não se esqueça de temperar sua criatividade. Quando quiser lembrar a informação, basta fazer a jornada na sua mente e, se suas associações forem fortes, ao passar em cada lugar você se lembrará de tudo de que precisa.

Essa técnica é muitas vezes chamada de "Quarto romano", porque os romanos usavam um cômodo para cada associação. Também é conhecida como "Loci grego", pois os gregos preferiam usar apenas um cômodo e destacar seus pontos (ou loci) criando vínculos entre eles e os dados a serem lembrados.

Não importa qual o método escolhido, o importante é que esses pontos podem ser acessados mentalmente de maneira fácil.

FAÇA SUA JORNADA

O primeiro passo é escolher o lugar. Para começar, use a sua própria casa ou seu cômodo preferido. Vá até o lugar escolhido enquanto monta esse exercício, para criar referências mais fortes do que apenas relembrar mentalmente o lugar. Mas um bom resultado pode ser obtido imaginando um lugar onde já esteve e do qual se lembra muito bem.

O próximo passo é identificar no cômodo os pontos de referência. Escolha aquilo que chama a atenção ou é de seu gosto pessoal. Por exemplo, na sala, pode ser uma estante; na cozinha, a geladeira. Uma vez escolhido o ponto de partida, ande mentalmente pelo lugar e escolha outros nove, em sequência.

Se estiver pensando na sala de estar, você pode ter escolhido os seguintes pontos: 1. Estante 2. Quadro 3. Luminária 4. Janela 5. Porta 6. Cama do cachorro 7. Poltrona 8. Mesa de centro 9. Sofá 10. Televisão

Agora você deve condicionar a jornada na mente para que fique bem fixada. Feche os olhos e faça a jornada em sentido crescente e decrescente diversas vezes. Veja cada referência da forma mais nítida possível. Este é um passo crucial. Do contrário, uma memorização pobre vai comprometer todo o processo.

MÃOS À OBRA

É possível usar essa técnica para lembrar-se de quase qualquer coisa, aplicando os princípios que aprendemos no capítulo 1, principalmente o poder da imaginação e associação. O truque é evocar uma imagem forte para cada item a ser lembrado e depois fazer a associação com elementos que você escolheu no seu lugar da jornada. Uma boa ideia é ter jornadas diferentes para objetivos específicos – não há um limite de percursos e lugares.

Experimente essa estratégia escolhendo um cômodo da sua casa e os dez pontos de referência. Depois, decore os dez primeiros elementos da tabela periódica, que são:

- Hidrogênio
- Hélio
- Lítio
- Berílio
- Boro
- Carbono
- Nitrogênio
- Oxigênio
- Flúor
- Neônio

Este teste pode parecer desencorajador, mas pense de forma criativa nas palavras. A forma como elas soam lembra algo? Por exemplo: flúor = pasta de dente; hélio = alguém com esse nome.

> **COMPROVADO POR CIENTISTAS**
>
> Sempre me empolgo quando ensino esse método, pois eu mesmo pude comprovar as maravilhas que ele é capaz de fazer. Mas não tome apenas minhas palavras. Pesquisas médicas provaram que essa técnica funciona, ao realizar exames nos cérebros de quem estava usando esse método, em comparação com um grupo de controle que não estava. Os pesquisadores descobriram que a memória dos que empregavam essa tática funcionava melhor do que a dos que não o faziam. Os primeiros estimulavam mais a parte direita do cérebro e o hipocampo, uma parte importante do cérebro quando o assunto é memória. Eu mesmo fui um dos participantes dessa pesquisa.

DATAS E COMPROMISSOS

Você já enfrentou a saia justa de esquecer a data de aniversário de um amigo ou parente? Ou se esqueceu de uma consulta médica porque isso sumiu da sua cabeça? Em caso afirmativo, o que abordaremos nesta seção, junto com o que já aprendemos, será de grande ajuda.

ANIVERSÁRIOS

Na página 43, recomendei que você recordasse datas importantes anotando-as em um calendário, pois é bom manter um registro delas. Mas como seria se perdesse seu calendário ou não tivesse acesso a ele temporariamente? Mantenha essas datas bem fixadas na sua mente, para que possa resgatá-las com facilidade.

Este é o processo usado para gravar datas importantes:

PENSE>	PENSE>	PENSE>	PENSE>	ASSOCIE
NA PESSOA QUE FAZ ANIVERSÁRIO	EM UMA IMAGEM PARA A OCASIÃO	EM UMA IMAGEM PARA O MÊS	EM UMA IMAGEM PARA O DIA	TODAS AS IMAGENS

Confie em uma cadeia de associações fortes que empregue imagens vinculadas àquilo que você deve lembrar.

CRIE IMAGENS PARA OS MESES

A maneira mais fácil de lembrar-se dos meses do ano é elaborar imagens que remetem instantaneamente ao mês em questão. Por exemplo, quando penso em dezembro, lembro-me do Natal e penso em um homem com barba branca de roupa vermelha. Agosto é outro mês fácil para mim, pois é minha época de férias e visualizo minha toalha de praia estendida na areia. Em seguida, há alguns exemplos. Sinta-se livre para elaborar as suas próprias imagens, pois é importante que cada uma delas venha à cabeça naturalmente:

Janeiro	Uma praia – verão e mês de férias
Fevereiro	Um desfile de escola de samba – Carnaval
Março	Chuva – por conta da canção "Águas de março"
Abril	Pinóquio – mês do dia da mentira
Maio	Sua mãe – mês do dia das mães
Junho	Seu namorado – mês do dia dos namorados
Julho	Alguém com frio – mês de inverno
Agosto	Um "cachorro louco", como é apelidado o mês
Setembro	Um desfile do Exército – mês da Independência
Outubro	Uma criança brincando – mês do dia das crianças
Novembro	Uma prova escolar – mês de fechamento de semestre
Dezembro	Festa de Natal

CRIE UMA IMAGEM PARA O DIA

Depois, pense em uma imagem que pode ser usada para remeter ao dia. Para os que vão de 1 a 10, sugiro usar o sistema das formas (páginas 100-101). Para os outros dias do mês, combine esse método com o sistema de rimas (páginas 74-77), como os exemplos abaixo.

Com os números de dois dígitos, o número da rima é o primeiro, e o do formato, o segundo. Todas as datas do intervalo 11-19 sempre terão um atum. Todos entre 20-29 terão bois e 30 e 31 um pequinês, como nos exemplos abaixo. (NF = número do formato; NR = número da rima.)

2	Bois (NR)
8	Biscoito (NR)
13	Atum (NR) pescado com algemas no lugar do anzol (NF)
17	Atum (NR) iluminado por um poste (NF)
25	Bois (NR) sendo pendurados com um gancho (NF)
26	Bois (NR) sendo carregados por elefantes (NF)
31	Pequinês (NR) com um taco de beisebol na boca (NF)

Experimente esse método você mesmo. Escreva os números de 1 a 31 e crie sua imagem para cada dia. Depois, teste para verificar se as imagens criadas estão bem fixadas. Repita o exercício até as associações ficarem automáticas e surgirem sem dificuldade na sua mente.

COMO USAR

Agora que o trabalho mais duro já foi feito, o restante é simples. Imagine que o objetivo é lembrar-se da data de aniversário de sua amiga Júlia: 27 de dezembro. Aqui vai um exemplo do que poderia ser criado por sua imaginação:

PESSOA	OCASIÃO	MÊS	DIA
VISUALIZE SUA AMIGA	VELAS EM UM BOLO DE ANIVERSÁRIO	PAPAI NOEL (DEZEMBRO)	BOIS (2) E UM POSTE DE RUA (7)

Você pode imaginar sua amiga Júlia apagando velas enormes em um bolo gigante de aniversário. Cada vez que ela apaga uma vela, um Papai Noel ao seu lado pega a vela e a coloca no saco vermelho. Em seguida, ele sai na rua iluminada por um poste, em um trenó puxado por bois.

Quando você pensar na sua amiga, essa imagem irá surgir na sua mente e seu cérebro a traduzirá: a Júlia faz aniversário no dia 27 de dezembro. Para que a tática funcione, dê asas à sua imaginação, usando cenários inusitados.

COMPROMISSOS

Uma boa maneira de nunca esquecer consultas e compromissos é criar uma jornada de 31 pontos que pode ser usada como um planejamento mensal. Por exemplo, se você tem uma consulta no dentista dia 16, crie uma imagem associada a ele (dois dentes postiços enormes sendo escovados) ao ponto de número 16 da sua jornada.

APRENDER ALGO NOVO

Ter boa memória não se resume à capacidade de lembrar fatos e números. Também é um elemento-chave para desenvolver e potencializar as capacidades do cérebro. Quando lidamos com informações, podemos passar rapidamente para o estágio em que percebemos que temos o conhecimento delas ou não. Aprimorar as habilidades, porém, é um processo evolutivo, que pode ser potencializado com um pouco de conhecimento.

COMO AS HABILIDADES EVOLUEM

Quando se aprende uma habilidade nova, há uma série de fases pelas quais a maioria das pessoas passa. Há quatro estágios básicos com os quais deparamos, seja qual for a nova habilidade – cozinhar, tocar um instrumento musical ou dirigir.

- **Inconscientemente incompetente** – nesse estágio, você ainda não sabe que não tem conhecimento para desempenhar uma função. Isso se torna consciente quando alguém fala ou você mesmo tenta e não consegue. Quando você era criança, por exemplo, não sabia que não tinha capacidade para dirigir um carro.
- **Conscientemente incompetente** – depois de perceber que não pode fazer algo ou que não tem conhecimento suficiente para desempenhar bem a tarefa, você se torna consciente da sua incompetência. Nesse ponto, você decidirá que é necessário desenvolver essa habilidade. Esse estágio começa quando a

pessoa se senta atrás do volante de um carro pela primeira vez e percebe que, embora parecesse muito fácil, dirigir é, na verdade, uma operação bastante complexa, que envolve a coordenação de diversas habilidades.
- **Conscientemente competente** — após treinamento, você é capaz de desempenhar a atividade em questão, mas ainda precisa pensar sobre isso enquanto a realiza. Lembre-se de quando estava aprendendo a dirigir. Embora já tivesse aprendido para que servia cada pedal, era preciso pensar um pouco antes de pisar, principalmente quando tinha de combinar o uso de embreagem e câmbio, ou embreagem e freio, por exemplo.
- **Inconscientemente competente** — suas habilidades se tornam tão automáticas que não é preciso pensar para executar a tarefa. Se você já dirige há algum tempo, sabe como é isso. É possível ouvir rádio, conversar, prestar atenção nos carros ao redor e ainda assim fazer tudo o que é exigido quando se guia um carro, que antes parecia difícil.

TRANSIÇÃO

Uma vez que uma pessoa atinge a competência consciente, é apenas questão de prática e dedicação para que ela se torne automatizada e inconsciente. Entretanto, fazer a transição entre essas duas fases é a etapa mais importante e costuma ser aquela em que a maioria das pessoas pensa em desistir. Essa transição pode ser feita de forma mais tranquila seguindo uma série de técnicas simples que já foram explicadas neste livro.

DESENVOLVA SUAS HABILIDADES
Tenha certeza do sucesso

Uma das seções principais deste livro é "Sucesso certo" (ver páginas 30-33). Tudo o que lá está destacado é fundamental no processo de aprendizado de uma nova habilidade. Aqui vão os pontos principais, para relembrar:

- Tenha um objetivo.
- Tenha um plano.
- Acredite que você é capaz.
- Tenha atitude.
- Seja positivo.

Ensaio mental

Neste livro, temos estimulado o uso de imagens que são fáceis de resgatar. A visualização também pode ser bastante útil quando se está desenvolvendo uma habilidade, pois a mente não consegue distinguir uma imagem real de uma imaginária. Se você ler a descrição de um limão bem suculento, com seu sabor cítrico e casca verde brilhante, há chances de que comece a salivar, ainda que esse limão exista apenas na sua cabeça. Seu corpo reage assim porque responde aos sinais mandados pela mente, mesmo que esse estímulo seja imaginário.

Quando se está aprendendo algo novo, é importante ensaiar mentalmente. Pesquisas têm mostrado que essa técnica potencializa o processo de aquisição da nova habilidade.

Visualize e armazene as informações

Muitas vezes, não conseguir guardar as novas informações que nos são dadas em um processo de aprendizagem pode ser bastante frustrante, o que nos impele a desistir de tudo. O segredo é criar um sistema de armazenamento dessas informações, para que não desapareçam de nossa mente. Use a técnica da jornada (páginas 102-105) a fim de criar uma jornada específica para o que está aprendendo.

Use, por exemplo, seu clube como local de sua jornada, se o objetivo é aprender tênis. Depois, crie imagens para cada instrução, relacionando-as com pontos de referência de sua jornada. Sempre que precisar resgatar instruções, caminhe mentalmente na sua jornada e lembre-se de cada uma delas. Essas orientações são apenas táticas temporárias, até que suas habilidades se tornem automáticas. Assim que se tornar inconscientemente competente, não precisará recorrer mais a essas técnicas.

FRACASSAR NÃO É O FIM

Um dos maiores problemas de quem se jogou no desafio de aprender algo novo é o medo de fracassar. Cometer um erro é visto como uma coisa tão negativa por algumas pessoas que elas "travam" e chegam a comprometer o aprendizado – ou desistem. O que essas pessoas ignoram é que erros e fracassos fazem parte do processo de aprendizado. Pense em outros momentos em que cometeu um erro ou fracassou. O que aprendeu com a experiência? Se quiser dobrar sua capacidade de aprender, terá de aceitar que errará o dobro também.

VOCABULÁRIO ESTRANGEIRO

Hoje em dia é muito mais fácil fazer uma viagem internacional do que há algumas décadas. Isso significa que muitos de nós temos nos aventurado pelo mundo. Para realmente experimentar outra cultura e nos divertir, aprender algumas palavras e expressões básicas ajuda muito.

NÃO PRECISA SER FLUENTE

Muitas pessoas que começam a aprender outro idioma têm a impressão de que precisam ser fluentes para se atreverem a falar algo. A fluência de uma segunda língua pode ser perfeitamente alcançável, mas não é imprescindível para se fazer entender e compreender outro idioma. Estudos mostram que mesmo no caso de línguas complexas, com milhares de palavras, os nativos falam apenas algumas centenas delas no dia a dia.

APRENDER PALAVRAS – PASSO A PASSO

É assim que funciona o processo de aprendizagem de novas palavras:
- Escolha a palavra que quer aprender, no idioma.
- Veja se essa palavra o faz lembrar outra coisa, ou estabeleça uma associação bem criativa que nesse estágio não precisa estar relacionada com a palavra.
- Relacione o significado real da palavra com aquilo a que a palavra o remete.
- Condicione essa associação, praticando algumas vezes até que se fixe na memória.

Vejamos um exemplo de como aprender o significado de uma palavra em francês.
- Primeiro, coloca-se o foco na palavra "soir" (pronuncia-se "soar"), que significa noite.
- "Soir" tem sonoridade similar a "soar", e se pode imaginar um sino soando.
- Por último, basta fixar bem a conexão soir > sino soando > noite

Agora, quando escutar a palavra francesa "soir", vou imediatamente lembrar-me de um sino soando e pensarei em uma noite escura e estrelada.

VOCABULÁRIO PRÁTICO

Assim que dominar essa técnica, você verá que é possível decorar dez palavras em 10 minutos, de modo que elas fiquem gravadas em sua memória de longo prazo. Depois de três ou quatro semanas, é possível adquirir um vocabulário prático de qualquer idioma que desejar, esteja você viajando a trabalho ou lazer.

Quando começar a usar essas palavras, será necessário resgatar os gatilhos e as imagens inusitadas para então recordar o significado delas. Mas, conforme for usando esse vocabulário, os termos vão fixar-se na sua memória e passarão a ser usados naturalmente.

DISCURSOS E PIADAS

Falar em público é um dos grandes medos de muitas pessoas. Se precisar fazer um discurso e não tiver esse costume, o problema pode piorar ainda mais. Um dos fatores que contribuem para todo esse nervosismo é o receio de ter um "branco" na frente de todos.

POR QUE ESQUECEMOS?

O estresse é um dos fatores que mais atrapalham o armazenamento de informações na memória, bem como o resgate delas. Quando nos sentimos sob estresse, o corpo responde com o mecanismo de bater ou correr, que diminui funções não exigidas nesse momento de perigo, como a memória.

Falar em público pode ser muito estressante para algumas pessoas, pelo medo de decepcionar, ou porque não se prepararam muito bem para a tarefa. Daí vem o "branco" e a situação vira uma bola de neve.

COMO NÃO ESQUECER

O segredo de ser um bom orador, ainda que apenas por um dia, é o seguinte:

SAIBA EXATAMENTE O QUE PRECISA DIZER E PRATIQUE A FALA.

Elaborar, organizar e fazer um bom discurso está fora do escopo deste livro. Por isso, as instruções que veremos aqui devem ser aplicadas pressupondo que seu discurso já está pronto. Entretanto, o processo descrito poderá ajudar a criar maior familiaridade com o texto, o que facilitará a memorização.

Passo 1 – Divida o discurso em partes
Se o texto tem cinco páginas, divida-o em pelo menos dez partes. Faça uma divisão que tenha lógica, agrupando assuntos em comum e trabalhando na conexão de uma parte para outra. Dê títulos.

Passo 2 – Identifique palavras-chave para cada parte
Escolha algumas palavras que condensem as ideias trabalhadas em cada parte do texto. Para cada meia página, não são necessárias mais do que três ou quatro palavras.

Passo 3 – Pratique
Agora que o discurso está dividido e já tem as palavras-chave, o próximo passo é treinar cada parte, uma de cada vez.
- Leia cada trecho em voz alta para acostumar-se com o ritmo da mensagem.
- Leia a primeira palavra-chave de cada parte e a partir dela comece seu discurso, concentrando-se no conteúdo do que deve ser dito e não em repetir exatamente as mesmas palavras.
- Verifique o texto original para ver se passou todas as ideias necessárias. Não seja exigente – nesse estágio você conseguirá lembrar apenas uma pequena parte.

- Repita o processo umas três vezes até ficar satisfeito com o que pode lembrar a partir dessa palavra-chave.
- Faça a mesma coisa com o restante das palavras-chave.
- Quando tiver terminado todo o processo com cada palavra-chave, tente fazer o discurso correspondente a essa parte apenas olhando as palavras-chave.
- Repita o processo para cada divisão do texto.

A maioria das pessoas começa esse processo a partir do início do discurso. Mas descobri que obtenho melhores resultados se começo de trás para a frente ou aleatoriamente. Ache a forma que funciona melhor com você.

Passo 4 – O discurso todo
Usando a lista de títulos de cada divisão e as palavras-chave, pratique o discurso todo, verificando sempre a versão em texto e fazendo as correções necessárias. Uma dica é gravar um desses ensaios e ver onde pode melhorar.

Passo 5 – Memorize
Você verá que, apenas seguindo esse processo de repetição e verificação, sua memória funcionará muito bem, pois as palavras-chave servirão como gatilhos para o conteúdo de cada parte do texto. Portanto, só é necessário decorar os títulos e as palavras-chave.

Se tiver dez divisões, sugiro que use uma jornada de dez estágios (ver essa técnica nas páginas 102-105). Talvez ajude usar uma jornada específica para essa mensagem, como uma igreja, se o discurso for durante um casamento, embora não seja essencial. Elabore uma imagem forte para cada título.

Depois, memorize as palavras-chave criando com elas uma história inusitada e relacionando cada uma com as imagens associadas aos títulos. Assim, quando andar mentalmente pela jornada, você verá em cada ponto uma associação com o título e com a história criada com as palavras-chave.

Passo 6 – De cor e salteado
Pratique seu discurso ensaiando a fala e usando as imagens como gatilhos. Praticando o bastante, você será capaz de dizer o que precisa sem recorrer às imagens – mas elas estarão sempre lá em caso de necessidade.

A ARTE DE CONTAR PIADAS
Se, na hora de contar piadas, você sempre se esquece daquela frase de efeito, aqui está uma forma simples de mantê-la fresca na memória. Será necessário criar um sistema de armazenamento para suas piadas – de novo, minha preferência é a versátil técnica da jornada. Primeiro, crie uma jornada para localizar suas piadas. Depois, elabore imagens vívidas de cada parte da piada e relacione-as com os estágios da sua jornada. Pratique primeiro evocando as imagens e depois contando a piada até que você faça isso naturalmente.

MAPA DA MENTE®

Por milhares de anos, o texto escrito tem sido uma forma eficaz de organizar, registrar e compartilhar ideias e pensamentos. Entretanto, pesquisas recentes sobre o funcionamento do cérebro identificaram que a tradição de organizar ideias de forma linear em um pedaço de papel pode não ser a melhor maneira de empregar nossas habilidades cognitivas. Há outras formas eficazes de organizar informações e, em minha opinião, o Mapa da Mente® (em inglês, Mind Map®) é a melhor delas.

O QUE É?

Esse mapa apresenta um diagrama resumido de determinado assunto, facilitando a absorção de informação pelo cérebro. Ele foi inventado pelo psicólogo britânico Tony Buzan no início da década de 1970. Buzan realizou extensas pesquisas sobre memória e as maneiras mais efetivas de organizar as ideias no papel para memorização, solução de problemas e criatividade. Essas habilidades envolvem as duas partes do cérebro simultaneamente. O esquerdo, analítico; e o direito, criativo e intuitivo.

Usado por milhões de pessoas em todo o mundo, o Mapa da Mente® tem sido considerado a última palavra em ferramentas de raciocínio e é simples de usar e fácil de aprender. Vejamos um exemplo.

- Uma imagem central que representa o tópico do mapa.
- Uma estrutura ramificada com palavras-chave que identificam os temas do assunto.

- Palavras-chave menores para sub-ramificações que detalham cada tema.

Um bom Mapa da Mente® traz os seguintes elementos:
- Cores diferentes para estimular o lado direito do cérebro e distinguir os diferentes temas.
- Palavras-chave cuidadosamente escolhidas, de preferência uma só palavra e escrita de forma clara. Cada palavra deve estar em uma ramificação com o tamanho correspondente.
- Imagens. Use quantas for possível (já que a imagem é a linguagem preferida do cérebro). Alguns sub-ramos podem ter uma imagem no lugar de uma palavra.

- Setas evidenciando associações entre as palavras-chave e as imagens relacionadas.

É importante que a extensão das ramificações seja do mesmo tamanho da palavra, pois, quando se recria um mapa a partir da memória, um dos pontos principais é relembrar o tamanho da seta. Se você se lembra, por exemplo, de que à direita havia uma longa ramificação, sua mente irá buscar uma palavra longa para preencher aquele espaço.

VANTAGENS

Se você precisa lembrar-se de uma informação, especialmente se esta deve permanecer na memória de longo prazo, essa técnica é bastante eficaz e apropriada. É também ótima para organizar ideias no papel – seja para planejar um relatório, seja para sistematizar algo que tenha lido ou escutado. Usar esses mapas, em vez de apenas escrever as ideias, ajudará a melhorar a memorização, pois:

- São usadas mais áreas do cérebro, trazendo mais esforços para a tarefa.
- Leva menos tempo criar um Mapa da Mente® do que escrever um monte de coisa à mão. É também mais divertido.
- Esse processo exige que se pense em tópicos, que se divida o todo, não apenas que se registre tudo.
- É mais fácil revisar e editar as informações em um Mapa da Mente®.

COMO DESENHAR SEU MAPA DA MENTE®

Criar um mapa é muito simples. Comece com um assunto que conhece bem: você!

* * * * *

Pegue uma folha de papel sulfite e coloque na horizontal (formato paisagem).

* * *

Use pelo menos três cores diferentes de caneta e desenhe uma imagem de si mesmo no centro. Não se preocupe em fazer um bom desenho. A imagem deve servir apenas como um ponto de partida.

* * *

Pense em aspectos importantes da sua vida e desenhe ramificações a partir do centro para cada um deles. Use cores diferentes para cada ramificação. A sua família, por exemplo, deve ter uma, bem como hobbies, trabalho, amigos, lar e férias – ou qualquer outra coisa importante para você. Escreva as palavras nas ramificações ou desenhe.

* * *

Desenhe ramificações menores a partir das maiores e adicione um pouco mais de detalhes em cada área.

LEMBRE-SE DO QUE LEU

Entre os fatores mais comuns que fazem as pessoas pensarem que têm uma péssima memória, junto com esquecer nomes, está esquecer aquilo que se leu. É uma relação natural a se fazer, mas também completamente equivocada.

POR QUE NÃO ME LEMBRO DO QUE LI?
Sempre que pergunto às pessoas qual é a expectativa delas em relação à leitura, as respostas são quase sempre as mesmas.

Estágio 1
"Espero **ver** caracteres que possam ser **reconhecidos** como letras que formam palavras as quais possa **ler** e **entender**."

Estágio 2
"Espero conseguir **lembrar** o que eu li, e possa **resgatar** essa lembrança posteriormente para **uso** próprio ou para **comunicar-me** com outra pessoa."

Essas expectativas são aceitáveis quando considerarmos o objetivo da leitura, mas não quando pensamos o que estamos fazendo enquanto lemos.

A maioria das pessoas fica apenas no estágio 1 (a leitura), e isso é tudo o que fazem. Não se importam muito em garantir que os objetivos do estágio 2 – lembrar-se do que se leu – também se realizem. O objetivo é claro, mas não se faz o que é necessário para alcançá-lo. Para tanto, é preciso recorrer a algumas técnicas para de fato memorizar as novas informações.

Outro motivo pelo qual às vezes não se consegue lembrar o que se leu é a distração – sua mente vai para outro lugar, ainda que seus olhos estejam lendo. Como a concentração não está na leitura, o consciente não capta apropriadamente os dados e não os guarda na memória. É por isso que, por vezes, ao voltar ao topo da página, tem-se a impressão de que aquelas linhas não foram lidas.

UM LEITOR MELHOR

O primeiro passo é tornar-se um leitor melhor. Ir à escola e ser alfabetizado é algo fantástico, mas, infelizmente, a forma como alguns aprenderam a ler reforçou vícios e hábitos ruins que prejudicam o processo de leitura, tornando-o lento e penoso. Aqui vão algumas ideias para ser um bom leitor.

- Use um lápis (ou o próprio dedo) como "guia" para evitar que os olhos pulem linhas (reler linhas é desnecessário e torna a leitura lenta).
- Procure o entendimento de cada parágrafo e não de palavras sozinhas. O importante é captar o sentido.
- Experimente ler mais rápido para que sua mente fique menos tentada a pensar em outras coisas, pois estará concentrada na leitura.

ESTRATÉGIAS DE LEITURA

Além de melhorar as técnicas de leitura, é possível empregar outros métodos para melhorar a memorização, tanto de uma obra de ficção quanto de não ficção. Para isso, é necessário criar vínculos com o que se lê.

- Com obras de não ficção, passe os olhos no livro e identifique onde estão as partes principais.
- Trace objetivos para aquilo que quer obter da leitura, a fim de manter sua atenção no livro.
- Enquanto lê, marque as palavras-chave ou trechos com um lápis.
- Faça anotações durante a leitura, marcando suas dúvidas e comentários.
- Depois de terminar a leitura, dê mais uma passada de olho para rever o que leu.
- Finalmente, resuma o que leu mentalmente para fixar o conteúdo.

É POSSÍVEL LEMBRAR-SE DE TUDO?

O inconsciente é extremamente poderoso. Há quem acredite que tudo aquilo de que tivemos conhecimento em vida está armazenado na memória. A princípio, boa parte dessas memórias só é acessível pela hipnose (e ainda assim há dúvidas quanto ao fato de as memórias resgatadas por esse método serem de fato verdadeiras). Portanto, em vez de tentar o impossível, ou seja, lembrar-se de absolutamente tudo que leu, foque somente o que é importante saber.

FORTALEÇA SUA MEMORIZAÇÃO

Apenas tornando-se um leitor mais concentrado e usando as orientações indicadas neste capítulo, é possível lembrar naturalmente muito mais daquilo que se leu. Porém, ainda que essa melhora ocorra, ainda é necessário memorizar o conhecimento adquirido para poder resgatar essas informações quando precisar. Aqui vão algumas dicas:

- Use os Mapas da Mente® (ver páginas 120-123) para fazer anotações conforme avança na leitura. O uso dessa poderosa ferramenta estimula a concentração e faz pensar mais profundamente no conteúdo da leitura. Como também é uma tática de memorização, ajuda a lembrar os pontos-chave do livro.
- Revise seus mapas regularmente durante a leitura e depois de terminá-la – após 10 minutos, um dia, um mês, três meses, seis meses. Assim, você garante que o conteúdo lido saia da memória de curto prazo e vá para a de longo prazo.
- Use as palavras-chave do livro e a técnica da história (páginas 70-73) ou a técnica da jornada (páginas 102-105) para memorizar melhor.

"É fato que a memória não guarda apenas filosofia, mas todas as artes e tudo aquilo que usamos na vida."

Marco Túlio Cícero (106-43 a.C)

CAPÍTULO 5

DICAS DE CAMPEÃO

O grande sistema 130
Aprenda com o campeão 133
Memorizar cartas 136
Listas específicas 138

Com as habilidades que podem ser desenvolvidas por meio das técnicas eficazes deste livro, você está muito próximo de conseguir realizar algumas façanhas com sua memória. Quando vê pessoas na televisão realizando feitos impressionantes, como recordar números enormes ou diversas cartas de baralho, acredite: todas essas pessoas já estiveram no mesmo estágio de desenvolvimento da memória em que você está agora.

Isso quer dizer que você tem toda a capacidade para realizar façanhas iguais. Neste capítulo, veremos alguns truques usados por *experts* da memória. Você ficará surpreso de ver como são fáceis.

Quem sabe um dia será você, depois de praticar, que estará na televisão, ou até participando do Campeonato Mundial de Memória. (Não ria, pois foi o que aconteceu comigo!)

O GRANDE SISTEMA

Criada no século 17, esta técnica utiliza nossa memória fonética. Por causa de sua versatilidade e sofisticação, pode ser usada como um sistema de armazenamento de informações ou para se lembrar de datas, números ou listas.

COMO FUNCIONA
Os números são identificados como consoantes com as quais se podem formar palavras e imagens memoráveis.

	SOM	COMO LEMBRAR
0	s, ss, z, ç, c (com som de "s")	"z" é a primeira letra de "zero"
1	Sons dentais: d, t	O "t" tem "1" perninha
2	n, nh	O "n" tem 2 perninhas
3	m	O "m" tem 3 perninhas
4	r, rr	Quatro tem um "r"
5	l, lh	L é o número romano para 50
6	g (com som de "j"), j, ch, x	O algarismo 6 parece uma letra "G"
7	g (como em "gato"), c (como em "coisa")	Um gato tem 7 vidas
8	f, v	Escrito à mão, o f lembra um 8
9	p, b	Em frente ao espelho, o "p" parece um 9

COMO APLICAR O SISTEMA

Esse método é fácil de usar. Tudo o que se precisa fazer é seguir três regras básicas.

Passo 1 – Localize as consoantes

Pegue o número que precisa decorar e identifique a consoante para cada dígito. Se o número for 18374, têm-se os seguintes sons:

2	8	3	7	4
s, ss, z, c	f, v	m	g, c	r, rr

Passo 2 – Forme uma palavra

Escolha uma combinação de letras na ordem em que estão os números e preencha com consoantes, formando uma palavra. Lembre-se de que é o som das consoantes o que importa. Por exemplo, 28374 pode ser:

Sofá magro – s(2) f(8) m(3) g(7) r(4)

Quando pegar a prática, verá que há diversas palavras que podem ser formadas. Mas o oposto não é verdadeiro, pois essas diversas palavras sempre vão indicar um mesmo número.

Passo 3 – Fixe as palavras na mente

Para memorizar as palavras e, portanto, os números, crie uma imagem incomum e bizarra relacionada a elas. Se o número do exemplo anterior era o código de entrada do seu escritório, imagine que em sua sala há um sofá bem fino (magro) com uma cor bem chamativa.

CRIE IMAGENS PARA OS NÚMEROS

Agora, com um pouco de criatividade, é possível desenvolver um sistema de armazenamento com uma imagem única para cada número de 1 a 100, ou até mais! Trabalhe com calma em cada número e fixe bem as palavras e imagens que associar a eles, praticando o resgate dessas informações. Você terá então uma ferramenta poderosa para lembrar-se de listas.

ANIVERSÁRIO DE BEETHOVEN

Quantas vezes você já tentou lembrar-se de uma data histórica ou uma data relacionada a alguém famoso e não conseguiu? O grande sistema é a técnica perfeita para isso.

Imaginemos o número 1770 – ano de nascimento de Beethoven –, que pode nos dar as consoantes d, g, ç, c (com com de "s"), com as quais se pode formar a frase "dê graças aos céus".

Com um pouco de imaginação, podemos ver uma pessoa ajoelhada agradecendo a Deus. Mas qual seria a utilidade dessa imagem? Ora, bastaria associá-la de alguma maneira à imagem de Beethoven. Podemos imaginar o compositor em uma igreja, ajoelhado com as mãos apontando o céu. Pronto, você já descobriu uma maneira de memorizar a ano do nascimento de Beethoven.

APRENDA COM O CAMPEÃO

Como muitos dos meus colegas que construíram uma carreira como memorizadores profissionais, fui bastante influenciado pelo oito vezes campeão do Mundial Dominic O'Brien. Além de ter técnicas mnemônicas impressionantes, ele criou seu próprio sistema, hoje usado por milhares de pessoas no mundo.

O SISTEMA DOMINIC

Esse sistema permite decorar qualquer número, de qualquer tamanho, de forma rápida e fácil. Baseia-se na ligação entre números e letras, associando depois essas palavras a alguém próximo – um amigo ou familiar. Você também pode usar uma celebridade de sua preferência. Só é necessário executar os passos seguintes.

Passo 1 – Associe letras e números de 0 a 9

0	1	2	3	4	5	6	7	8	9
O	A	B	C	D	E	S	G	H	N

Geralmente, o "s" é associado ao número 6, pois esse tem um som forte de "s" no início – e uma repetição da letra no fim. "N" também remete a nove, por dar início à palavra.

Passo 2 – Crie pares de letras

Para os números de 0 a 99, crie pares de letras. Escreva cada um deles. Por exemplo, para o número 23 você tem o par BC; para 10, o par AO.

Passo 3 – Pense em alguém famoso

Para cada par, pense em uma pessoa que você conhece bem ou em alguém famoso que tenha as mesmas iniciais. Por exemplo, CB pode ser Chico Buarque.

Passo 4 – Escolha um objeto relacionado

Para cada pessoa deve ser identificado um objeto vinculado a ela. Deve ser algo bem característico.

Alguns exemplos:

NÚMERO	INICIAIS	PESSOA	OBJETO
42	DB	David Beckham	Bola de futebol
73	GC	Gal Costa	Microfone

COMO USAR

Primeiro, pegue o número que você precisa memorizar e divida em grupos de quatro dígitos. Por exemplo: 42739651 se torna 4273 9651.

Para lembrar-se desse número, use a pessoa representada pelo primeiro par (42) e associe ao objeto do segundo par (73). Nesse caso, pode-se imaginar o jogador David Beckham cantando com um microfone nas mãos.

Depois, escolha uma jornada de acordo com a técnica exposta neste livro (páginas 102-105) para fixar o número e sua respectiva imagem a um ponto da jornada. Repita isso para o segundo grupo de quatro dígitos.

Para lembrar-se do número, ande mentalmente pela sua jornada e visualize as imagens que criou para cada ponto. Traduza as imagens para os números. Por exemplo, quando vejo a imagem de David Beckham com um microfone, vejo o número 4273. Se quiser lembrar-me do número inverso, 7342, imagino a cantora Gal Costa com uma bola de futebol nos pés.

NÚMEROS ESTRANHOS

Nem todos os números podem ser facilmente divididos em séries de quatro dígitos. Pode ser que sobre um, dois ou três. Para memorizar os que restarem, há outros métodos.

Restou um: escolha a imagem correspondente usando o sistema de rimas ou de formas (páginas 74-77 e 100-101).

Restaram dois: use o sistema Dominic, visualizando a pessoa com as iniciais correspondentes.

Restaram três: para os dois primeiros, use o sistema Dominic e para o último, use o sistema de rimas ou forma. Depois, relacione as duas imagens, criando apenas uma.

MEMORIZAR CARTAS

Uma das façanhas mais impressionantes quando o assunto é memorização, é decorar a ordem de cartas de baralho embaralhadas e vistas rapidamente. Com prática, você verá que também poderá saber de cor as cartas, seja para impressionar amigos, seja para ganhar um jogo.

IMAGENS PARA AS CARTAS

Para começar, crie um sistema de armazenamento para organizar as 52 cartas do baralho. Sugiro o uso da técnica da jornada (páginas 102-105), pois é a mais versátil e, em minha opinião, a mais eficaz. Crie um caminho com 26 estágios, pois assim você poderá associar duas cartas a cada ponto. Uma dica é ter três ou quatro jornadas, de modo que você poderá contar sempre com uma jornada nova e evitar confusão.

CRIE IMAGENS ÚNICAS

Agora você precisa criar uma imagem para cada carta. É possível criar todas a partir do zero, mas, para economizar tempo e esforço, use algumas imagens criadas por você na técnica do grande sistema (páginas 130-132) ou no sistema Dominic (páginas 133-135) – use o de sua preferência. Recorrer a esse macete é seguro, pois é improvável que se tenha de memorizar ao mesmo tempo cartas e números (posso dizer por experiência própria que nunca precisei!).

ASSOCIE UM NÚMERO A CADA CARTA

O primeiro passo para criar as imagens que quer é dar a cada carta um número. Por exemplo, para paus, uso os números de 10 a 22. (A = ás, J = valete, Q = rainha, K = rei.)

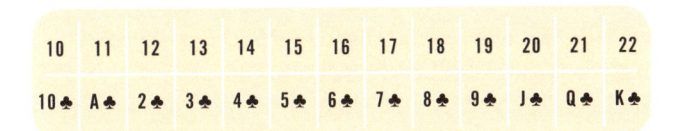

10	11	12	13	14	15	16	17	18	19	20	21	22
10♣	A♣	2♣	3♣	4♣	5♣	6♣	7♣	8♣	9♣	J♣	Q♣	K♣

Para ouros, números de 30 a 42:

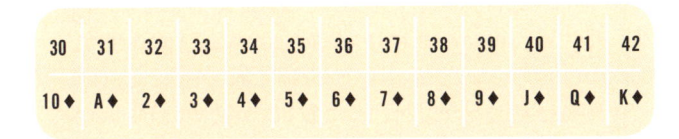

30	31	32	33	34	35	36	37	38	39	40	41	42
10♦	A♦	2♦	3♦	4♦	5♦	6♦	7♦	8♦	9♦	J♦	Q♦	K♦

Uso a mesma lógica com copas (50 a 62) e espadas (70 a 82). Agora, vincule a imagem do sistema Dominic para o número 11 ao ás de espadas, a imagem do número 12 ao dois de paus e assim por diante. Então, quando estiver lembrando as cartas e vir sua imagem para o número 11, você saberá que ela representa o ás de paus.

PRATIQUE PARA CHEGAR À PERFEIÇÃO

Exercite a memorização associando cada carta a um número e este a uma imagem. Depois, vincule as imagens a cada par de cartas. Não se esqueça de que está usando a técnica da jornada e precisará de 26 pares. Por fim, associe a imagem das duas cartas ao ponto da jornada.

LISTAS ESPECÍFICAS

Programas de perguntas e respostas são extremamente populares na televisão. Se quiser ter um diferencial em relação a outros competidores, ou apenas impressionar seus amigos, você pode se tornar uma enciclopédia ambulante usando algumas técnicas deste livro.

DO QUE POSSO LEMBRAR?

Aqui estão alguns tipos de perguntas que podem aparecer em programas de perguntas e respostas.

Reis e rainhas	Capitais de cidades
Rios mais longos	Imperadores romanos
Estados do Brasil e suas capitais	Presidentes do Brasil
Campeões brasileiros de futebol	Constelações
Presidentes americanos	Moedas
Elementos químicos	Ganhadores do Oscar

O PRIMEIRO PASSO

O mais importante para quem está se preparando para decorar uma lista longa de itens específicos é certificar-se de que as informações estão corretas. Não adianta ter na memória uma informação equivocada. Uma vez verificada a informação, há dois métodos que podem ser usados.

USE A TÉCNICA DA JORNADA

Este método (páginas 102-105) é ideal para informações sequenciais e relacionadas a datas. Por exemplo, se você é fanático por futebol e quer decorar todos os campeões desde 1930, tudo o que precisa fazer é criar uma jornada com 20 pontos de referência. Esse é um número bom para decorar a sequência dos ganhadores e ainda deixar espaço para os futuros campeões.

O próximo passo é criar uma imagem do campeão em cada ponto da jornada. Por exemplo, no ponto de número 2 (Copa de 1934), você pode associar a imagem do Coliseu, em Roma (a Itália ganhou naquele ano), ou de um jogador italiano que aprecie. Assim você terá um método seguro para lembrar-se de todos os que levantaram a taça desde 1930.

USE ASSOCIAÇÕES

Às vezes, as informações não precisam ser memorizadas em uma sequência. É preciso apenas vincular um elemento a outro — como no caso de moedas ou capitais de países. Por exemplo, para se lembrar de que a moeda peruana é o sol, deve-se ligar uma imagem que representa o Peru a uma que se associe ao nome da moeda (nesse caso, bem óbvio). Pode ser um peru de Natal tomando sol, por exemplo. Repita esse processo para todas as outras moedas que queira decorar e faça o mesmo com as capitais dos países. São infinitas as possibilidades com esses métodos.

ÍNDICE

ácidos graxos 41
acrônimos 56-57
afirmações 31-32
  negativas 31
  positivas 31-32
alfabeto de imagens 81
alimentação 22-23, 40-41
alimentos energéticos 40
amídala 20-21
âncoras 47-49
aniversários 106-109
anotações 83, 126, 127 para
  ajudar a memória 53, 65
antioxidantes 23, 41
aprendizagem
  efeito primário e recente 24
  e o sono 23
  estilos de 66-67, 82
  fases 110-111
  processo de 110-113
apresentações a outras pessoas
  52-55, 92-95
artificiais, sistemas 42-43
associações 19, 26-27, 29
  com imagens 93
  listas específicas 139
  naturais 83
  técnica da jornada 104-105

baralho, lembrar
  cartas de 136-137
bem-estar físico 39
  ver também dieta e exercícios
Buzan, Tony 120

cadeias associativas e ganchos 11, 19, 27, 29
calendários 43
Campeonatos Mundiais de Memória
  10, 86-88, 102, 129
cartão de crédito, números de 64-65
cartas, lembrar sequências de 136-137
cérebro
  amídala 20-21
  córtex 20-21
  desidratação 40
  dieta 22-23, 40-41
  e o sono 22, 23
  equilíbrio químico 22, 36, 41
  estresse 36, 41
  hipocampo 20-21, 89, 105
  lado esquerdo e direito 21-22, 120-121
  ondas cerebrais 22
  oxigenação 23, 39
compras, lista de 78-81
compromissos 109
concentração 14, 16, 82, 125
condicionamento (Pavlov) 47
confiança, desenvolvimento da 112
confusão, fator 28
conhecer pessoas 52-55, 92-95
conhecimentos gerais 138
conscientes, pensamentos 21, 44, 45
conversas 82-83
córtex 20-21

datas
  aniversários e compromissos 106-109
  macetes 42-43
  o sistema 130-132
decorar um discurso 116-119

desidratação e função cerebral 40
deterioração da memória 16
dieta 22-23, 40-41
dígitos *ver* números
direções 66-69
discursos, aprender a fazer 116-119
dividir a informação 79
Dominic, sistema 133-135, 136

efeito primário e recente 24
emoções 21, 33
   negativas 33
escolher senhas 64-65
esquecimento
   motivos de 14-15, 46, 82
   tipos de 11
estratégias de leitura 124-127
estresse 36, 41
   como causa do esquecimento 14, 67
   e exercícios 38
eventos do passado 84-85
exercícios 16, 23, 38-39
exercícios aeróbicos 38

falar em público 116-117
fatos
   comparando e manipulando 60
   mnemônicos para 56-59
físico, bem-estar 39
   ver também dieta, exercícios
fisionomias 92-95
fonética, técnica da 130-132
fracasso, medo do 113
frase de efeito 119

ganchos e cadeias associativas 19, 27, 29, 80

gatilhos 47-49, 84
Ginkgo biloba 41
ginseng 41
grande sistema, o 130
   cartas de baralho, lembrando 136
   números, datas e listas 130-132

habilidades, aprender novas 110-113
hipnose 126
hipocampo 20-21, 89,105
história, método da
   como estratégia de leitura 127
para lembrar listas 70-73
Houdini, Harry 86.

ideias, lembrar-se de 74, 76
idioma estrangeiro 114-115
imagens
   criar 75
   direções 68-69
   e datas 64, 106-109, 132
   evocar 25-26, 75
   lembrar ideias 74
   nomes 18-19, 93-95
   números e formatos 100-101, 108, 135
   palavras-chave 83
   para cartas 136
   sistema do número e rimas 74-77, 108, 135
   soletrar 62-63
imaginação 25-26
inconsciente 44-45, 49
informação
   armazenamento e resgate de 42-43
   partes do todo 28, 29, 97
   processar 15-16
   ver também sistema de armazenamento

inspiração
    lembrar lampejos 74
Instituto de Neurologia 89

jogo de palavras e rimas 59
jornada, técnica da 102-105
    contar piadas 119
    estratégia de leitura 127
    lembrar cartas de baralho 136
    listas específicas 139
    para aquisição de habilidades 133
    para discursos 119
junk food 40

língua estrangeira 114-115
listas
    com objetivos 31
    de compras 78-81
    de problemas com memória 11
    macetes 41-42
    para melhorar a memória 29
    técnica da história 70-73
    técnica da jornada 139
Loci, sistema grego 103
Lorayne, Harry 86

macetes 42-43
Mapa da Mente® 120-123
    estratégia de leitura 127
mecanismo de bater ou correr 36, 38, 116
meditação 22, 37
memória
    de curto prazo 21, 41, 96
    de longo prazo 28, 127
    melhorar (lista) 29
    notas 43, 65
    problemas 21, 41, 96
    recordações pessoais 84
    ver também mnemônicos
memorização 27-28
    Mapa da Mente® 127
    melhorar 82-83
    sob pressão 36
    verificar 61
método de repetição rápida 82-83
método mnemônico 92
método social 52-55
mnemônicos 58
    criar 59, 61
    método da primeira letra 56-57

nomes
    e fisionomias 92-93
    método social 52-53
    situações de trabalho 52-53
    visualização 93-94
números
    conta bancária 96-101
    de telefone 96-101
    grande sistema, o 130-132
    imagens 64, 132
    longos 96-101
    senhas e cartões 64-65
    sistema de rimas 74-77, 108, 135
    sistema do formato 100-101, 108, 135
    sistema Dominic 133-135
    sistema do teclado de telefone 97-99
    sistema números = letras 99 *ver também*
        sistema de números e formatos, sistema
        de números e rimas
nutrição 22-23, 40-41

objetivos
    atingir 32-33
    definir e planejar 30-31

O'Brien, Dominic 133
ômega-3 41
organizar informação
    ver sistema de armazenamento de informações
ondas cerebrais
    alfa 22
    beta 22
    delta 22
    teta 22
oxigenação e função cerebral 23, 39

palavras-chave
    discursos 116-119
    estratégia de leitura 126
    Mapa da Mente® 121-123
Pavlov, Ivan 47
Peek, Kim 87
perder coisas 44-45
piadas 119
primeiras impressões 60
programas de perguntas e respostas 138

questões para si mesmo
    para criar mnemônicos 59, 60
    para estimular recordações 85
    para lembrar conversas 83
    para lembrar nomes 93

radicais livres 41
recados 70-71
recordações pessoais 84
recordes mundiais 88-89
relaxamento 22, 37
respiração 23, 37, 39
rimas e jogo de palavras 59
romano, sistema do quarto 103

Savant, síndrome de 87
senhas 64-65
sentidos e estilos de aprendizado 66, 67, 82
síndrome de Savant 87
sistema Dominic
    para cartas de baralho 136
    para números longos 133-135
sistemas
    armazenamento de informações 17-19, 27
    artificiais 42-43
    do alfabeto 80-81
    números e formatos 100-101, 108, 135
    números e rimas 74-77, 108, 135
    números = letras 22-23, 40-41
    o grande sistema 130
    para direções 68
    para ideias 74, 76
    para lembrar conversas 83
    técnica da jornada 102, 113, 119
situações no trabalho 52-53
soletrar 62-63
sono e função cerebral 22, 23
sucesso, cinco passos para o 30-33
suplementos alimentares 41

técnicas de memorização
    ganchos e cadeias associativas 19, 27, 29, 80
    macetes 42-43
    lembretes 68-69, 75
teclado do telefone 97-99
telefone, números de 96-101
Trudeau, Kevin 86-87

vitaminas B 41
vocabulário estrangeiro 114-115

Welch, Leslie 8

LEITURA COMPLEMENTAR

Tipper, Michael *Os 77 hábitos dos melhores estudantes*, disponível (em inglês), em www.michaeltipper.com

Tipper, Michael *Os segredos dos melhores estudantes – técnicas de velocidade*, disponível (em inglês) em www.michaeltipper.com

Buzan, Tony *Memória brilhante: destrave os poderes de sua mente*, BBC Active, 2006

O'Brien, Dominic *Memória brilhante semana a semana*, Publifolha, 2006

CONTATO COM O AUTOR

Se você quer mais orientações e informações sobre como melhorar sua memória e concentração, além de ganhar agilidade mental, entre em contato com Michael Tipper por meio de sua página na internet (em inglês): www.michaeltipper.com

AGRADECIMENTOS

Aos pioneiros das técnicas de memorização, em especial dr. Bruno Furst, Harry Lorayne, Tony Buzan, Kevin Trudeau e Dominic O'Brien, que trouxeram esses métodos para as massas. Não fosse pela dedicação deles, eu ainda estaria brigando com minha capacidade de memorização.

Quero agradecer em especial o apoio moral de algumas pessoas que acreditaram em mim e naquilo que eu poderia conquistar, especialmente quando eu próprio parecia não acreditar no meu potencial e habilidade: Paul e Lorna Bridle, Denise Fryer e Warren Shute. Também agradeço com todo o coração a Julie Tipper pelo apoio em todos esses anos e por me dar amor, espaço e incentivo para que eu corresse atrás dos meus sonhos. Obrigado também à equipe da Editora Duncan Baird, em especial Caroline Ball, Daphne Razazan e Bob Saxton.

Finalmente, quero agradecer a todos os que deveriam estar aqui mencionados e que contribuíram positivamente para o meu trabalho (e minha vida), embora o espaço me impeça de mencioná-los. Vocês sabem quem são, então, obrigado.